安徽古籍叢書

安徽古籍叢書萃編

竇山公家議校注

明·程昌 撰
周紹泉 趙亞光 校注

黃山書社

图书在版编目(CIP)数据

窦山公家议校注 / (明) 程昌撰；周绍泉，赵亚光校注. —合肥：黄山书社，2014.1

(安徽古籍丛书萃编)

ISBN 978-7-5461-4321-7

Ⅰ. ①窦… Ⅱ. ①程… ②周… ③赵… Ⅲ. ①家谱-安徽省 Ⅳ. ①K820.9

中国版本图书馆 CIP 数据核字(2014)第 005532 号

窦山公家议校注

出 版 人　任耕耘
策　　划　任耕耘　赵国华　汤吟菲
执行策划　汤吟菲　徐娟娟
责任编辑　汤吟菲　徐娟娟

装帧设计　未　氓
责任印制　戚　帅

出版发行　时代出版传媒股份有限公司(http://www.pressmart.com)
　　　　　黄山书社(http://www.hspress.cn)
　　　　　官方直营书店(http://hsssbook.taobao.com)
　　　　　营销部电话:0551-63533762　63533768
　　　　　(合肥市政务文化新区翡翠路1118号出版传媒广场7层　邮编:230071)
经　　销　新华书店
印　　制　安徽联众印刷有限公司

开本　880×1230　1/32　　印张　10.75　　字数　250千字
版次　2014年9月第1版　　2014年9月第1次印刷
书号　978-7-5461-4321-7　　定价　120.00元

序

黃德寬

值此《安徽古籍叢書萃編》編輯出版之際，欣逢新時期安徽古籍整理出版工作步入而立之年！三十年來安徽的古籍整理出版工作，很值得認真地進行一番回顧總結。

一九八一年，中共中央發布《關於整理我國古籍的指示》，成立了以李一氓同志爲組長的國家古籍整理出版規劃領導小組，正式拉開了新時期古籍整理出版工作的序幕。一九八四年，中共安徽省委決定建立安徽省古籍整理出版領導小組，由時任省人大常委會副主任魏心一同志挂帥，聯合了省新聞出版局等政府部門和安徽大學等高等院校、研究單位，正式啓動安徽省古籍整理出版工作。同年，安徽專業古籍出版單位黃山書社也宣告成立。安徽古籍整理出版工作由此翻開了嶄新的一頁。

三十年間，安徽省古籍整理出版工作堅持初衷，克服困難，在政府部門的支持和社會賢達的關心下，經過學者們的艱辛努力，取得了豐碩成果，其最有代表性的成果就是《安徽古籍叢書》的編纂出版。

《安徽古籍叢書》凝結了當代安徽傳統文化研究領域衆多學者與專家的心血和汗水。以吴孟復先生爲代表，組成《安徽古籍叢書》第一屆編審委員會，賡續安徽先哲編刊地方叢書盛業，梳理文獻綫索，擬訂叢書子目，擘劃編纂體例。遵循嚴格的學術規範，《安徽古籍叢書》自一九八九年三月刊出第一種——《舊聞隨筆》，截至二〇一三年底，連同修訂再版，出版已突破百種，成爲我國當代古籍整理一個有影響力的品牌。

收入《安徽古籍叢書》的各類古籍，既有朱熹、戴震、俞正燮、凌廷堪、程瑶田、黄生、包世臣、楊仁山、吴汝綸等學術巨擘的著作，也有張孝祥、錢澄之、方苞、方文、施愚山、姚鼐、吴敬梓等文學名家的作品；此外，包拯、朱升、朱元璋、阮大鋮、姚瑩、方孝標、劉銘傳等皖籍著名歷史人物的著述也盡在其中。正是因爲歷代賢哲創造的精神財富，使得《安徽古籍叢書》一經出版即蜚聲海内外，産生了廣泛的社會影響。李一氓同志曾經撰文，欣喜地表示：

『現在有一個好現象，安徽要編印新的《安徽叢書》。』當代著名學者金克木、胡道静、張岱年、程千帆等先生稱道『這是安徽文化事業的一項盛舉』。法國漢學家戴廷傑也對《安徽古籍叢書》堅持嚴格的學術規範稱賞不已。

《安徽古籍叢書》的順利編輯出版，還因爲改革開放帶來的時代機遇。改革開放三十多年來，我國經濟文化繁榮昌盛，使得《安徽古籍叢書》能够得到有關方面的財力支持。上個世紀八十年代，《安徽古籍叢書》編纂在發軔之時，就不斷有項目入選國家古籍整理出版規劃，得到國家各方面的有力支持。最新公布的《二〇一一—二〇二〇年國家古籍整理出版規劃》中，包括《方以智全書》在内的新列《安徽古籍叢書》項目品種就多達四十八種。安徽古籍的整理編纂工作，正是在改革開放的大背景下，在全國古籍整理出版工作的大格局中，取得了突出的成就并展現着美好的未來。

《安徽古籍叢書》的編纂出版，安徽大學『省古籍整理出版辦公室』發揮了重要作用。古籍辦的同志們長期堅守在古籍整理出版崗位，甘於清苦，默默奉獻，辛勤耕耘，爲《安徽古籍叢書》

的編纂和安徽古籍整理出版工作做出了突出的貢獻。二〇一〇年，在『全國專業古籍出版社社長年會暨全國優秀古籍圖書評獎會』上，時任國家新聞出版總署副署長鄔書林同志作題爲《無愧歷史　珍惜時代　出好精品》的講話，指出：『安徽是堅持地方古籍整理工作最好的省份。不少地方古籍辦幾乎都撤了，或名存實亡，安徽則堅持不輟，并做了大量工作。』

黨的『十八大』從戰略層面提出扎實推進社會主義文化强國建設，豐富人民精神文化生活，『建設優秀傳統文化傳承體系，弘揚中華優秀傳統文化』。《安徽古籍叢書》立足鄉邦文獻的整理編纂，因應了國家文化建設的宏偉規劃，是文化强省乃至文化强國建設事業的題中應有之義。這項事業遠非一兩代人所能完成，正如一九八一年中央三十七號文件所指出的，『整理古籍是一件大事，得搞上百年』。

《安徽古籍叢書》煌煌巨制，結構開放，歷時久遠。回顧過去，出版較早的圖書有些已經絶版；叢書版式、裝幀也屢經變更。爲適應集中展示、收藏和研究的需要，對已經出版的《安徽古籍叢書》進行階段性的集中梳理，適當遴選，統一版式，影印出版本套叢書是十分必要的。

作爲首套《安徽古籍叢書》選編本，我們希望通過這套書的出版發行，能使更多的讀者瞭解、認識和利用好《安徽古籍叢書》，有更多的皖籍、非皖籍專家學者參與到安徽地方歷史文獻的研究整理工作中來，讓《安徽古籍叢書》在未來不斷發展壯大。這是我們在新時期安徽古籍整理出版事業三十年之際的殷殷屬望！

二〇一四年六月

凡例

一、本編從二〇一〇年（包括二〇一〇年）以前出版的《安徽古籍叢書》中選取文獻資料價值大、校點整理質量上乘、學界仍有需求的圖書進行重印。

二、二〇一〇年以后出版者因市場上新書尚多，此次不復列入。早期所版《文學研究法》《舊聞隨筆》《桐城文學淵源考·撰述考》《桐城耆舊傳》《爾雅翼》等雖均爲叢書的中堅，因已有修訂新版，此次亦不復列入。《安徽古籍叢書附輯》整體不予列入。

三、所選圖書按初版時間先后順序編排。

四、采用原版掃描影印，不重新録排，儘量保存原書面貌。原書頁眉中的明顯編輯錯誤，逕改不出校；《竇山公家議校注》《康輶紀行　東槎紀略》兩種原書無頁眉，現統一補加。

五、重新設計製作封面，統一規格、工藝。一律采用大三十二開本，精裝。《説文假借義證》一書原版爲十六開，一個頁面放兩個中國頁，此次按統一開本重新排版，一個頁面放半個中國頁。

并新附《説文假借義證索引》於該書書末，以方便讀者檢索。《毛詩后箋》《吴汝綸全集》《田間詩學》《説文假借義證》等原書規模較大，爲方便讀者閱讀，現重新分册。另，《竇山公家議校注》保留原書西式裝訂方式。

六、收録叢書文獻由於各種原因，還存在這樣那樣的不足，請讀者批評指正。

第四届《安徽古籍叢書》編審委員會

二〇一四年六月

賓山公家議校注

周紹泉　趙亞光

黃山書社

目　　录

序

在徽学研究中，世家大族研究是人们瞩目的课题。徽州世家大族都保存有该族历代修纂的族谱，记述了该族世系的嬗递，其中的人物传记又记录了该族重要人物的情况，是研究该家族兴衰的重要资料。这些世家大族大多留有置产簿（又称誊契簿、堆积簿）、租谷簿、阄书等，为我们研究这个家族的土地状况、经济收入及其财产变化情况提供了宝贵资料。可是，若研究这些世家大族是通过什么手段维系的，对其家族财产和家族成员如何进行管理的，就要靠族规家法一类资料了。

族规家法，有祖训、家礼、家典、家范、家诫、家议、家法、族规、族约、宗禁等各种名称，因地、因族、因时而异，大多写进族谱里，成为族谱的重要组成部分。也有的独立成书，作为管理族产和族众的实用手册。我们经校注呈献给大家的《窦山公家议》，就是这种独立成书，在管理族产、族众中实际应用的具有族规家法性质的著述。

一、《窦山公家议》的价值

《窦山公家议》是徽州府祁门县六都善和里程氏仁山门东房派的族规家法，就管理、墓茔、祠祀、田地、山场、庄佃和银谷，一事一议，立下东房派秩下子孙共同遵守的条规。其附录“东西军业议”则议及东房派和西房派共有的军装田的管理事宜，并附以“高祖仁山公遗嘱军役文书”和“窦山公同兄还春公申明祖父仁山公遗嘱轮流充补军役合同文书”，作为东、西二房共同遵守的规则。

《窦山公家议》的管理议和山场议中明确规定该家族“管理”和“治山者”的产生办法及其职责，使我们看出该家族由五房家长、管理和治山者组成的管理体系。为了使这个管理体系能有效地实行管理，特别是防止拥有较大权力的管理营私，在五房家长之下有家众若干人和族中读书者“斯文”若干人监督管理和治山者，起到监察的作用。如此详细记述一个家族的管理体系和监察系统的书，在明清族规家法一类著述中是不多见的。

在《窦山公家议》田地议和山场议中，除关于田地、山场的议约之外，还记载了东房派所拥有的田地山场的字号、土名、亩步、坵数和租额，这就使其不仅具有族规家法的性质，而且具有与誊契簿和租谷簿相似的记录家族产业和租入的功能，这是一般族规家法著述所少有的。特别是现在所见《窦山公家议》的六个本子，除北京图书馆所藏万历三年刻本外，其余五个本子，即安徽省图书馆所藏万历刻本（以下简称安图万历本）、北京图书馆所藏万历二十五年补刻本16135号（以下简称北图万历二十五年甲本）、北京图书馆所藏万历二十五年补刻本14821号（以下简称北图万历二十五年乙本）、安徽省图书馆藏顺治十四年补刻本（以下简称安图顺治本）和中国社会科学院历史研究所图书馆所藏顺治年间补刻本（以下简称历史所本），都记有各号田地的租额及当年收租额数。如果依《窦山公家议》作为管理实用手册的时间，将安图万历本（万历二十四年资料）、北图万历二十五年甲本（泰昌元年资料）、安图顺治本（顺治十三、四年资料）、历史所本（顺治十五年以后资料）、北图万历二十五年乙本（康熙五十五年资料）的同一块田地实际收租额逐一排列，就不仅看到从万历二十四年到康熙五十五年的一百多年间的租额的变化，还可以推算出这些田地的亩产量，借以窥见这个地区从明后期到清前期的生产状况，给研究明末清初徽州农业经济的变化情况提供一个实例。

《窦山公家议》银谷议中列有“某某年分称收各处租谷共计”、“五房均分计谷”、“收各项银共计”、“粜谷银计”、“卖木银计”、“地租银计”、“杂行银计”、“支过谷共计”、“支过银共计”、“见在银计”等项，上述五个本子在这些项目中的某一项或某几项下，记有该年的有关资料。如安图万历本记有万历二十四年该家族当年称收各处租谷和五房均分计谷数字，北图万历二十五年甲本记有泰昌元年称收各处租谷数字，安图顺治本记有顺治十三年和十四年称收租谷数及支谷明细帐目，历史所本记有顺治十五年以后“递年五分均分计谷”数目，北图万历二十五年乙本记有康熙五十五年“发五房轮谷”数字，等等。这样的家族动态资料，不仅一般族规家法一类书所没有，即使一些收支总登之类帐簿也无法相比，为目前仅见的有关族产资料中最宝贵的。

此外，不管是研究徽州世家大族族产的来源、族产的作用，还是研究明清徽州的庄仆制、世家大族与官府的关系、族权对族众土地所有权的干预等等，都可以从本书中找到珍贵的资料。

二、窦山公其人及东房派族产的由来

窦山公姓程，名新春，字景华。因在家族同辈中排行第四，以此行名春四，其裔孙们称其为“春四府君”。因为已至壮年尚未出仕为官，故自号逸叟。至于他又号窦山，有人说他生有五子，“森森五桂，媲俪燕山”①，有人则说因为他“家世积善，比燕山窦氏”②。个中究竟也难细究，但有一点是清楚的，程新春是以“有义方，教五子，名俱扬”的窦燕山（窦禹钧）自况而自号窦山的，表达了他希冀子孙显达的愿望。

程新春洪武十二年正月十六日出生于祁门县西北十五里善和里的一个仕宦家庭。祖父程弥寿，字德坚，号仁山，明初因从参政邓愈下江西有功，授行枢密分院都事，受命镇守浮梁景德镇。天下平定，即引疾家居。③父程佐，洪武中被佥派吏役，缘善楷书，以吏举授工科给事中，因受牵连，罢职归家，又遭连坐，发辽东永远充军。①

按照明朝法令规定，凡永远充军的，本犯事故，则于其所遗亲枝内勾补，此户门亦随之沦为军户。从此，祁门善和里程氏仁山门这一枝便成了军户。洪武二十年，其父程佐病死辽阳，不久，其叔程仪亦死在服军役中，其兄程庭春被勾补充军役。

明代辽东军士，除战守之外，主要任务是屯田。军士被强派耕种屯田，是一种毫无人身自由的强制劳动。所派耕军屯分地，即使瘠确、洼涝、沙荒，亦得承种，而征收子粒时，不问肥瘠、等则，一概取盈，不足部分，只得赔纳。明初虽然从朝鲜进口大量耕牛发屯军耕种屯田，但牛或被掳掠，或倒死，要由屯军买补。若无牛，地无法耕种，屯田子粒却仍要照数赔纳。程弥寿深知“军役繁重”，于建文元年立下遗嘱：“务要佐、仪二分轮流前去充补军役”，今吾尚在，“自行分付作急

①商辂：《窦山程公赞》。

②丘濬：《明故窦山处士程公墓志铭》。

③弘治《徽州府志》卷九《人物三·武功·程弥寿传》。

④同上书，卷六《选举·荐辟·程佐传》，又见《窦山公家议》附录《东西军业议》。

賫送盘缠衣服前去。今已年老，心思百年之后，诚恐不行依时賫送盘缠，今将户下众存田亩，批扒付当军分内，取租略办盘缠，送至辽东军前，付应役之人支用。众家或亲人去，或雇人去，共出工雇路费，务要作急賫送。所是税粮，佐、仪均解，并依此文，不可推故。如有推故不伏，依准此文。如违，将此文告官，准不孝论。但系何承充当军，收此稻谷，略助军中。所是田土，当军繁重，听自发卖，不许阻当”。①程弥寿所留下的以备军役之需的这部分称作“军业”的田产，就是祁门善和里程氏仁山门的族产。

待至程新春长成，“深得垦殖之方”，“辛勤起家，日益饶裕，晓节赀产，甲于一乡”。②他将承祖并自己续买、开垦的田地，立为文嘱，“令五房子孙永远存业以备（户役），毋得变易”。这便成了程新春这一枝的族产。

正德十五年以后，程新春秩下五房子孙多次议立禁约或合同文约，将各房葬坟以外的山场“尽行归众合业兴养”，并呈县主批照，成为族产。此后，程新春秩下子孙以族产田租及山场所得陆续购买田土，连同原有的田地，便成了《窦山公家议》中所列各号田、地、山、塘等族产。

三、《窦山公家议》的修纂与现存藏本

《窦山公家议》始纂于明嘉靖二十四年，据纂修者程昌说：弘治初年，善和里程氏“聚居一堂，事出一体，旦则各事其事，夜则课其勤怠而劝诫之。”数年之后，“各房私室并建”，“老成渐远，子孙日繁”，自嘉靖十三年一场大火之后，家中多故，资计不足，家教罕闻，“各便散居，相聚日少，

①《高祖仁山公遗嘱军役文书》。

②李友闻：《窦山先生程公行实》。

或有劝勉，或有商榷，无从而謦焉”，“议论弗浃，而事体多舛”，“于是众相协议，以为窦山公所存未分之产尚厚，能培而植之，亦足以为维系鼓舞之机”。由程昌执笔，“述众议因革事宜，而各分议于后，汇录成册，名曰《窦山公家议》，因梓以传，共为永守之规”①。这便是《窦山公家议》修纂的缘由。

大约就是这个原因，以前介绍、著录此书和利用此书资料做研究的学者，都说此书为程昌所撰。此说确实有据。《祁门县志》程昌传说：“程昌，字时言，居善和。……著有《和溪文集》、《发蒙近语》、《大学古本注释》、《祁门志略》、《宗谱》、《家规》等书”②。清康熙二十一年程衡纂《善和程氏仁山门支谱》亦言：“昌，字时言，号和溪，又号桂峰。正德戊辰进士。……致仕二十余载，片楮不干守令，闭户修书。著有《大学注释》、《发蒙近语》行世。又刻《程氏宗谱》、《窦山家议》传后”③。《窦山公家议》卷二《墓茔议》中载：“始祖以下墓茔拾所，多属湮没，先叔贯倡义稽证修复，各结砌完整，立碑石于上，至今世守不失其故，皆其力也。”从丘濬所撰《明故窦山处士程公墓志铭》和族谱得知，程贯兄弟十六人，依齿序为：泰、贯、通、容、密、复、宪、宿、宣、文、云、迪、腾、循、幖、度。称程贯为叔者，定是程泰之子。程泰有四子，即程昂、程旦、程杲、程昌。《窦山公家议》卷五《山场议》载：“青真坞合坞山场，乃窦山公志意所在，后裂乱溷业，兰峰先兄率众复合为一，辟立田庄，兴养苗木，承其志意，甚盛举也。”查《善和程氏仁山门支谱》，

①程昌：《叙家议》。

②万历《祁门志》卷三《名硕·程昌传》；道光《祁门县志》卷二十五《人物志·宦绩·程昌传》。

③程衡：《善和程氏仁山门支谱·仁山门东房派二》。

“杲，字时昭，号兰峰，登弘治癸丑进士，历任江西左参政，有《兰峰稿》行世。”称程贯为叔而又称程杲为兄者必是程昌无疑。证之以万历三年程镆等立《遵行旧议合山文书》：“和溪公复申明窦山公创业艰辛，改立祭祀规制，以致孝思。”如此众多的证据证明，程昌确实纂修过《窦山公家议》。

可目前所存的《窦山公家议》诸本，又有许多疑窦。如《窦山公家议》卷五《山场议》中说：“除摽分各房各业外，其余各房混业者，嘉靖丁未众立合同文约，其各号内，除先葬坟各业外，各房不许侵害。其余山场尽行归众合业兴养。……数十年来未见遵行，徒废心力，为义不终，良可太息。”嘉靖丁未即嘉靖二十六年，公元一五四七年。“众立合同文约”即嘉靖二十六年程时言（程昌）等立《众立合山文书》。“数十年”是几十年呢？没有确说，姑且算二十年吧，则写这段文字时应为公元一五六七年，即隆庆元年。据《善和程氏仁山门支谱》载，程昌“生成化乙未三月二十三日戌时，卒嘉靖辛亥五月十一日午时”。即生于成化十一年，公元一四七五年，卒于嘉靖三十年，公元一五五一年。写这段文字上距程昌卒年已有十六年了，显然，这段文字不可能出自程昌之手。《窦山公家议》卷一《管理议》载：“户门税粮原系众者，各房分纳。人众弊生，至嘉靖三十一年间，照依旧额，尽行扒出入众。”这段话更明确，是程昌死后一年的事，自然非程昌所写。

以上所引都是《窦山公家议》中“议”的内容，至于“议”以外的部分能证明非程昌所写的证据就更多了。如卷一《管理议》中的《告文式》，明确标出是万历三年七月十五日。卷三《祠祀议》中的《祠祭祝文式》中，称程昌之父程泰为“先伯祖考正治卿河南左布政使竹岩用一府君”，从其称谓一望便知非程昌所写。卷四《田地议》中项源七亩段的一块田是万历三年所买；在城寓所为嘉靖四十二年清丈；仁山公朝山脚凤凰坦外地嘉靖三十六年重立租约。这些显然都与程昌无关。而这些又都为原刻文字，并无任何补刻的痕迹。

到底是怎么回事，真让人犯难。由于现存的六个本子中有五个都是残本，使人无法了解底细。只有北京图书馆万历三年刻本是部完本，书末有程昌之子程钫所纂《〈窦山公家议〉后跋》，说出了原委。原来，程昌所纂《窦山公家议》在纂成之后二十年，即嘉靖四十四年，“版刻燬于回禄”，家议亦“不行于时”。万历三年，程钫因嘉靖二十四年以来“业产之增置，人事之变迁”，认为应续刻家议，在当年管理程铣、程钱、程法、程沛、程森的协助下，“共图更梓”。于是，程钫纂辑成《窦山公家议》并付梓以行。依程钫所言，新纂之家议，“其间随时斟酌，视旧加详，而宏纲要目，一遵夫前刻，无有违者”①。程钫在重新纂辑家议时，程昌所纂家议尚存，即程钫所谓“家君手泽存焉”，便抄录了程昌所写文字，因此我们在程钫所纂家议中读到一些出自程昌口吻的文字就不足为怪了。

这样看来，现存《窦山公家议》就该著录为程钫纂了，或者著录为程昌始纂程钫重纂更合适些。

《窦山公家议》是祁门善和程氏仁山门东房派这一枝管理族内事物的实用手册，刷印之时即规定“日后管理止许十年定册之时开印一次，每次十册贮匣”。但同时规定，“有愿印者，自备价银，付管理同印编号”。现存北京图书馆万历三年刻本即是程旦之孙程涛“自备价银”印的，编号为“吕字号”，并钤有朱文“窦山公家议记”印两方。故此书编次井然，刷印清晰，完整无缺，为目前所知最完备的本子。

安图万历本卷四《田地议》载：“一号许家坦塘坑坞，新丈玖百肆拾陆号，计陆拾壹步，田一坵。”所谓“新丈”，系

---

①程钫：《〈窦山公家议〉后跋》。

指万历九年的清丈。而此书最早的使用时间是万历二十四年。该书卷七《银谷议》载："万历二十四年分称收各处租谷共计贰仟玖伯肆拾陆秤十二斤。"可知此书为万历九年至二十四年间刷印本。以家议十年刷印一次的规定，安图万历本似应为万历十三年或十四年的补刻本。

北图万历二十五年甲、乙本载有万历二十五年合同文书，字体与原刻有明显区别，却无此后的文约，知其为万历二十五年补刻本。但其使用年代，甲本明确记有"泰昌元年称收各处租谷共计叁仟壹佰壹拾陆秤柒斤"。而乙本在卷三《祠祀议》中则记有"五十五年分以正用熟肉二斤，炒骨一斤"，这"五十五年"似为康熙五十五年，果如此，则北图万历二十五年乙本的使用年代即应是康熙五十五年。

安图顺治本和历史所本在卷五《山场议》的末尾，有六页边栏短、四周单栏、记有顺治十二、十三、十四年的文书和序文，知此二书均为顺治年间补刻本。安图顺治本在卷七《银谷议》中明确记有顺治十三年和十四年的帐目，而历史所本在卷七《银谷议》中记有顺治十五年以后的"递年五分均分壹仟伍佰秤"。知二书的使用年代均在顺治十三年到顺治末之间。

了解此书的不同版本和不同使用时间，对我们利用此书不无裨益。只是由于我们水平所限，认识未必正确，好在已将此书六个本子的异同分别注出，读者可以从中得出正确的结论。

我们在整理、校注此书时，得到中国社会科学院历史研究所图书馆、北京图书馆、安徽省图书馆的热情帮助，谨表谢意。

由于我们学识和闻见所限，书中定有很多错误，乞望方家学者不吝指教。

说　明

一、《窦山公家议》系祁门善和里程氏仁山门东房派管理族众、族产的族规家法和实用手册，只有在十年大造黄册时才开印一次，每次印十册贮匣，故流传甚少。就我们所知，只有北京图书馆、安徽省图书馆和中国社会科学院历史研究所图书馆藏有该书的四种版本的六个本子。我们以北京图书馆藏万历三年刻本为底本，以安徽省图书馆藏万历补刻本、北京图书馆藏万历二十五年两个补刻本、安徽省图书馆藏顺治补刻本和中国社会科学院历史研究所图书馆藏顺治补刻本补葺之。

二、为给读者提供方便，我们在《窦山公家议》后面附了五个附表，又将中国社会科学院历史研究所图书馆收藏的清康熙二十一年程衡纂修的《善和程氏仁山门支谱》（以下简称康熙谱）和《布政公誊契簿》作为附录附于书后。康熙谱修成之后，只刷印十部，世传亦稀。《布政公誊契簿》只此一部，更为珍贵。附于此，亦给研究者提供极为罕见的历史资料。惜康熙谱亦有残缺，又无该书别本可校，只好用光绪三十三年程际隆所修《祁门善和里程氏仁山门支修宗谱》（以下简称光绪谱）补葺。我们还在谱中列了几张表，以供参考。

三、《窦山公家议》诸本中，都有后人用墨笔在天头、字间和空白页中添加的一些文字，让我们看到该书在实际中的应用。我们将这些后人添加的文字一并录出，北图万历三年刻本添加文字用页下注文标出，安图万历本添加文字用“〈 〉”标出，安图顺治本添加文字用“〔〕”标出，北图万历二十五年甲本添加文字用“◀▶”标出，乙本添加文字用“｛ ｝”标出，历史所本添加文字用“【】”标出，以免混淆。

四、原书文字错误和我们认为应加注释处，均分别情况加以注释或订正。

五、几点技术说明

1.原文字迹不清而能确定字数者，以□标出；原文有缺漏而又无法确定字数者，以……标出；原文中空格，仍旧。

2.原文中的错字用方括弧括起，改正之字用圆括弧括起，紧附其后。

3.原书双行注文用（ ）标出，并用小五号字排版，以便区别；双行注文中的校改文字注于页下。

4.我们所加注释文字均注在每页之下。

窦山公家议

叙 家 议

予家自尚书公始迁善和，而中奉公缵承其业，居下村。再传为承津公，分居上村，即予今之正居是也。承潜公继居下村，再历世而迁徙无传。承海公分居中村，宋理宗时，有梧冈先生辈出，传至于今，而其派澌尽。其故居即予曾祖窦山公之祠在焉。津公六传至伯彦公，暨兄伯源公辈，以孝行闻。宋绍兴十七年，赐庵额报慈以旌之。再传为汝霖公，又再传为滋公，兄濬公，弟淳公、润公，俱迁寓岩，而滋公独守故居。三传至和峰公，通儒能诗。四传至仁山公，当元季变故，蕴德韬光，获佐我高皇帝，功著鄱地，授行枢密院都事。已而，遯游淮西，累征不赴。生佐、仪二公。佐公生二子，长庭春公，次即予窦山公。仪公生子还春公。时户以例坐，累戍辽阳。命佐公往役，仪公侍养。未几，佐公没于役所，以还公在病，属庭公往补。仁山公因立遗文，嘱令佐、仪二公子孙自后轮役，永为定典。议扒田租若干，以资军装。后还公与窦山公复立合同文约，申明仁山公遗嘱，以示遵守。时佐公之往役也，窦山公甫九岁。及长，痛念父兄遵承祖命，殒身边徼，朝夕惕励，思所以继承先世，克勤克俭，开大其业，敦儒崇教，以启书香。于是，予祖朝列大夫慎庵公奋身科第，而盛、达、懋、让四公，皆足述事，于业有光焉。公复虑户役繁重，应用难量，乃于所存未分田产，立文遗嘱，存积以应不给，并所积续买田产，俱永远不许分析。其虑宏且远矣。再传先布政竹岩公行十有三人，而从叔文领乡荐。又再传为予辈先兄昂等三十人，而从兄旻、先兄杲及予俱登甲科，于时聚居一堂，事出一体，且则各事其事，夜则课其勤怠而劝诫之。莫敢不安分，敦实以率规教。闺阃之间尤致严肃，雍睦成风，达于内外，而无不率不足之人。故乡邑称有家教必首推焉。至弘治癸丑①，旧居罹火。明年，正堂复成，视旧宏壮有加。又数年，各房私室并建，兼以复庇荫之朘剥，应无妄之外侮，兴废举坠，以讫成功，率由同心协力而然也。故当夫多事，调度不见其匮，从睉不觉其劳，而兢业继承之善，具可见已。迨后老成渐远，子孙日繁，又值嘉靖甲午②之火，正堂仅存，私居一燎殆尽。自是多故，而资计不足者有矣。家教罕闻，而所为有不率者矣。盖因各便散居，相聚日少，或有劝勉，或有商榷，无从而罄焉。宜乎议论弗浃，而事件多舛也，将贸贸焉习为因循，盖有可虑者。于是众相协议，以为窦山公所存未分之产尚厚，能培而植之，亦足以为维系鼓舞之机。姑举切于今而宜兴理者有四：一青真坞之田山，一韩村之庄田，一百花园之祠墓，一中村之祠堂，皆根本所系也。夫山之产，实为田庄之助；田之入，足为祠墓之资。礼由是可行，情由是而可洽，则迹虽疏而议易合，人虽众而事易统。祖宗庆源遗泽之远，将焉不[窒](至)，而后人继志述事之责，亦可以少塞矣。且日积岁累，羡余之下，皆为给众之需，将见众物自可以为永赖，而己物或未必可长恃也。可不思哉！可不勉哉！今述众议因革事宜，而各分议于后，汇录成册，名曰《窦山公家议》，因梓以传，共为永守之规。其东、西二房存留军装业产租数附录于后，俾管理者一体遵守云。

时嘉靖贰拾肆年岁次乙巳菊节曾孙昌谨述③。

---

①即弘治六年——后人用朱笔在正文旁边加的注文。

②即嘉靖十三年——后人用朱笔在正文旁边加的注文。

③此文万历二十五年补刻本和顺治年间补刻本均残，据万历三年刻本录出。

窦山公小影

注：据原书复印件重绘。

窦 山 程 公 赞

松柏其姿，金玉其质，操心砺行，乡邑是式，森森五桂，媲俪燕山，生膺百福，余庆流芳。素庵商辂题。①

赞 窦 山 公 小 影

其为形也清，其为貌也古，一团精神尽在于目，满腔和气被于乡曲。惰者以之而勤，贫者因之而富，强诡者化为良善，浮靡者转为淳笃②，邑大夫之所敬羡，士君子之所景慕，太③丘之俦，绝无而有。噫！吾祖之为人，其有补于世教也岂少也夫！

弘治己未岁春正月之吉孙复拜赞。

窦山先生程公行实

公讳新春，字景华，别号窦山，姓程氏，世居祁门之善和里，梁云麾将军忠壮公灵洗之三十三④世孙。性⑤精敏，有干局。自幼即知嗜学。九岁失所怙，事母至孝，躬侍汤液。母殁，哀毁骨立，不茹荤酒者四年。而事祖尤尽孝道。祖怜其孤幼，独

①该赞词原在窦山公小影上方。

②历史所本和安图顺治本均作“清高”。

③历史所本和安图顺治本均作“大”。

④清光绪间程际隆纂《祁门善和里程氏仁山门支修宗谱》（以下简称“光绪谱”）所录该行实作“三十二”。

⑤光绪谱“性”字下有一“情”字。

钟情爱之，尝语人曰：奋吾宗者非是子而何①？祖殁，自初丧以迄于葬祭，一遵古制。兄庭春，从戍辽阳，时遣人省遗以慰其睽违②。其厚于伦理，率由于③天性使④然。蚤岁辛勤起家，日益饶裕，晓节资产，甲于一乡。深得垦植之方，人多踪迹之，故乡无废壤，无惰人，不数年间，家给人足，阖境遂成乐土，又能革去华靡之习，然自奉虽薄，而待宾客未尝不丰腆。常哀⑤二亲俱逝，兄在数千里外，每岁燕享，闻丝竹音，辄徙避他所，悲咽不自胜。至于治家，则肃然有仪。尝谕⑥乡人，必以孝友为先，故乡之子弟，非顽嚚弗率之太甚者，未尝不化为佳子弟也。尤操履刚正，里或有讼，率不白郡县，惟求公一言决平。以恚至者以怿归，以抑至者以直归，盖其存心仁恕，忠直之词有以深洽人心故也。遇岁凶时屯，发积贮以赈，贫匮者或不能偿，遂焚券不责其报。尝倡率族人构祀先之堂，以崇报本之道。又会修谱牒，以惇睦族之义。年六旬时，忽遘一疾剧甚，医莫能治。一夕，自梦神人入堂疗之，明日疾果愈。盖其积善之报，至是征矣。又尝筑室，延师儒以训⑦子若孙。读书暇，则自课其业之勤惰，以故子若孙多有成就者。因扁其室曰窦山书舍，时人遂称曰窦山先生，复自号逸老云。翰林学士云间钱先生溥为文以记其实。公平生百行俱修，诸福咸备，子孙多贵而贤。呜呼！若公者，亦可以俪美于唐之窦谏议矣。公之曾大父士荣，闳德田里。大父德坚，官至都事。父汝

①光绪谱作“谁”。

②光绪谱“违”字下有“之意”二字。

③光绪谱缺“于”字。

④“使”字据光绪谱补。

⑤光绪谱作“念”。

⑥光绪谱作“喻”。

⑦光绪谱作“教”。

榀，俱乐善好施。妣蒋氏，渊淑慈惠，克服家训。配汪氏，继刘氏，协德宜家，俱以贤淑闻。子男五：盛、显，汪出也；达、懋、让，刘出也。显字孔著，以《春秋》中正统辛酉乡试，明年授任丘掌教，秩满升沈府左长史。孙男十有六，长泰，字用元，亦以《春秋》家学领正统丁卯乡荐，中景泰甲戌进士，任户部主事；余多以《春秋》世其家。科目骎骎，殆不乏人。女二：长适城西大家子谢景春，次适湘溪宦族子郑克己。天不慭①遗，景泰三年闰九月二十一日巳时以疾终，距所生洪武己未年正月十六日亥时，享年七十有四，葬于本里之百花园，卯向。今年春，表兄孔著致韩府长史政来京，因垂泣言公之墓未有铭，以友闻辱与公有舅甥之好，属状其行实，敢②转乞大人先生一言，发其余善，归而碑诸墓道，庶以恃不泯焉。谨状。

时天顺三年季春月③望日赐进士出身奉政大夫工部郎中祁门李友闻书

明故窦山处士程公墓志铭

程以国氏，出周大司马程休父，汉魏以前，盛于广平。至东晋，始盛于江南。而新安尤其著者，其来也自元谭为新安太守始。数传至忠壮公灵洗，居歙之黄墩。又数传至户部尚书仲繁，居饶之浮梁。其子中奉大夫令滙，徙祁门之善和里。又数传④至窦山翁。翁讳新春，字景华。上遡忠壮公三十三⑤世。所居地有五山，里人以翁家世积善，比燕山窦氏，因以窦姓山，

①诸本皆作“憖”，据光绪谱改。
②光绪谱无“敢”字。
③历史所本和安图顺治本均无“月”字。
④光绪谱所录该墓志铭作“世”。
⑤光绪谱作“三十二”。

翁遂以自号，人亦以是称之。环所居十数里之人，无少长，惟翁言是听。出入兴作，惟翁行是视。事有疑难者，辄相语曰，盍质之翁乎，翁必有处此者矣。行有悖理者，辄相戒曰，翁得无知之乎，知之必不吾容矣。欲赴诉于有司者，辄相谓曰，何事劳有司乎，得翁一言，则是非曲直有所归①矣。惰于治生者，辄相訾曰，翁之法不如是，盍质之翁乎。不幸而遇患难，有死丧及困乏者，辄喁喁望且呼曰，无有以我事语翁②者乎，翁庶几一来，来则吾事济矣。用是一乡之人，惰者以勤，匮者以足，不善者以良，风俗翕然以和。及翁卒，咸哭之恸，且走相报曰，吾翁弃吾去矣，天乎，奈何。家祭而群临之者无虚日。发引之日，空一里之人毕集③焉。时景泰壬申闰九月也。距其生洪武己未，得年七十有四，以癸酉岁葬于本里百花园，卯向。曾祖士荣，祖德坚，父汝楫，母蒋氏。翁生九岁即孤，事母及祖父母，克尽孝道。居丧不御酒肉，葬祭一本古礼以行。念兄庭春戍辽阳，终身不预燕乐，闻音律辄走④避。尝率族人构堂祀先以合其同，修谱明系以收其众，其孝友睦姻之行，盖天性然也。翁初配汪氏，继刘氏。子男五人：盛、显、达、懋、让。女二人：长适谢景春，次适郑克己。孙男十六人：泰、贯、通、容、密、复、完、宿、宣、文、云、迪、腾、循、憬⑤、度。孙⑥女九人。曾孙男八人。呜呼！乡有善人，一

①历史所本和安图顺治本均作“明”。

②原作“公”，据万历二十五年补刻本和顺治间补刻本改。

③光绪谱作“会”。

④历史所本和安图顺治本均作“退”。

⑤光绪谱作“慓”。

⑥光绪谱无“孙”字。

乡之福。使凡今天下郡邑，每乡中皆得如翁者一二人，以为斯民率先，三代之治不可复，吾不之信也。翁之次子显，仕为韩府长史，得请致仕，命其子户部主事泰，以其乡亲工部郎中李君友闻状来乞铭。予与主事君同年进士也，义不容辞，谨次序而铭之。铭曰：

周大司马，曰程休父，程之有氏，盖此为祖。始望广平，后盛新安。惟忠壮公，云仍实蕃。县曰祁门，里曰善和。比族环居，窦山峨峨。窦山何有，有一贤翁，乡邦是望，族属攸宗。恶者以善，醨者以醇。翁匪今之人，乃三代之民。三代之民，绝无而有。铭发其潜，永昭不朽。

天顺戊寅岁仲春之吉

赐进士出身翰林院编修文林郎琼台丘浚撰

家议所载，祖文祖业在焉，所系甚大，为此编号书名给散，以防遗亵。日后管理止许十年定册之时，开印一次，每次十册贮匣。有愿印者，自备价银，付管理同印编号，不许管理私印滥与。倘字迹不同，即同后罚。

吕①字号程涛②领③。

秩下子孙所领家议，务要遵守珍藏，仍总编号，照次书名于万历三年管理家议手册内，以凭查考。每年中元祭日，各赍出照验。倘有失落者，即系不孝，罚银五两入祠众用。如不伏罚，不许入祠分谷。众谕毋违。④

---

①“吕”字为后人用墨笔所添之字。

②“程涛”二字为后人用墨笔所添之字。

③在“吕”和“程涛”二处钤有朱文“窦山公家议记”方印各一方。

④北图万历二十五年甲、乙两本及安图万历本均无此篇文字，历史所本和安图顺治本只有“字号领”以下文字，但中间多处模糊不清。

窦山书院记①

祁阊之北有善和里，里有山窿然起，而下隐隐分五峰，清丽秀拔，人以禹钧五桂②拟之。而冈塍③掩映，连络不绝，又若枝叶繁茂然者，故以窦名山④。邑人程景华甫⑤，其先自东晋有讳元谭者，任新安太守。至忠壮公居歙之黄墩。数传讳仲繁者，任户部尚书，居鄱⑥之浮梁，其第四⑦子中奉府君，复自鄱⑧徙居兹山之阳。家世载德⑨，代有显者。至⑩景华⑪生五子，挺然玉立，人以为协克其应⑫。景华乃筑室贮书数千

①北图万历三年本无此篇文字。本篇字体与万历三年本字体迥异，知为万历三年以后补刻。历史所本残，只存末尾十余行文字。据北图两万历二十五年本及安图万历、顺治本录出。光绪谱所录该文“院”字作“舍”字。

②北图两万历二十五年本及安图万历、顺治本均无“五桂”二字，据光绪谱补。

③光绪谱作“陇”。

④光绪谱从“人以禹钧五桂拟之”至“故以窦名山”一段置于“家世载德”之后。

⑤光绪谱“甫”字后面有“居之”二字。

⑥⑧北图两万历二十五年本及安图万历本均作“番”，据安图顺治本改。

⑦光绪谱作“三”。

⑨光绪谱“家世载德”之后除有“人以禹钧五桂拟之……故以窦名山”之外，尚有“居数世来其族”六字。

⑩光绪谱作“而”。

⑪光绪谱“景华”后面有“益乐善好义”五字。

⑫光绪谱“应”字后面有“程氏之族其大欤”七字。

卷，延经师以教①，扁曰窦山书院②。夫窦山郁结数百年而钟灵③于程氏，程氏亦积累数百年而④肇于景华。山以形，公⑤以德，德与形⑥符，岂偶然哉？初，景华生九岁而孤，事母至孝，遇⑦丧不茹荤。好学砥行，事祖⑧德坚尤谨⑨。自⑩恨父母不逮养，兄弟寡助，凡语人必以孝以悌，而颛颛然以⑪谨厚自持，由是乡有不直者辄诣直之。又恒⑫念先世祠宇恐就湮圮，以时谋葺。岁时伏腊，则聚而行焉。其德之承⑬于先也，已厚五丈夫子。次显，以《春秋》领乡荐，为长史⑭。孙若干人。长泰，即显之子也，亦以《春秋》⑮举进士。时为主事⑯。而孙又生子，累累满前。景华年已七十余，康健如壮夫。每旦入书塾目其所授，而暮则验其日进之学，虽祁寒暑雨无间也。

①光绪谱"教"字后面有一"之"字。

②光绪谱作"舍"。

③光绪谱无"灵"字。

④光绪谱"而"字后面有一"复"字。

⑤光绪谱作"程氏"。

⑥安图顺治本"形"字后面有一"相"字。

⑦北图两万历二十五年本和安图万历本均作"逾"，据安图顺治本改。

⑧光绪谱无"祖"字。

⑨光绪谱在"谨"字后面有"辛勤起家基业日充广每日"十一字。

⑩光绪谱无"自"字。

⑪"然以"二字原无，据光绪谱补。

⑫光绪谱作"常"。

⑬原作"成"，据光绪谱改。

⑭"为长史"，光绪谱作"为学谕有声"。

⑮光绪谱"春秋"后面有"领乡荐"三字。

⑯光绪谱无"时为主事"四字，在"而"字前有"未几"二字。

其德之应于后也①，未艾昔禹钧以德获应②，而其所居则燕山也③。今④景华有子若孙，不异禹钧之应者，岂兹山之灵欤？抑⑤契其德欤？吾知景华积德足以承其灵，而善教足⑥以启其后⑦。他日由书院⑧出焉者，又将食其报于无穷矣。名山之义，不以窦而以程乎？长史⑨君尝⑩遣泰从予游，相谂甚熟也。故从其请为记，以寿其父，且俾归而识其壁，以俟。

赐进士第⑪翰林侍读学士奉⑫直大夫侍⑬文华殿兼修国志东吴⑭钱溥撰⑮。

①光绪谱作“者”。

②光绪谱“应”字之后有“如持左右券交手相付然未知其所居何山也”十八字。

③光绪谱无“而其所居则燕山也”八字。

④光绪谱作“而”。

⑤光绪谱“抑”字后面有一“果”字。

⑥光绪谱无“足”字。

⑦光绪谱作“德”。

⑧光绪谱作“屋”，后面还有“彬彬”二字。

⑨光绪谱作“学谕”。

⑩光绪谱无“尝”字，而增“以秩满还京”五字。

⑪光绪谱无“第”字。

⑫光绪谱无“奉”字。

⑬光绪谱无“大夫侍”三字。

⑭光绪谱无“兼修国志”四字，“东吴”作“云间”。

⑮光绪谱作“书”。另，从李友闻《窦山先生程公行实》所记“翰林学士云间钱先生溥为文以记其实”看来，嘉靖原刻本中有此《窦山书院记》，原刻版烧毁后，万历三年本无此文，万历二十五年补刻本补入此文，顺治补刻本依旧。今据诸本录出。

窦山公家议卷一

管理议

传曰：为政在人，人存政举。夫家国一理，齐治一机。况国易而家难，家之齐者尤难乎！苟匪其人，孰济于事。述管理议第一。

议曰：管理众事，每年五房各壹人轮值，壹年事完，先期邀下年接管人算明，将所领家议手册填注明白，复别具一册，填下年接管人名。至中元会祭日，三献后，当年管理者捧手册齐至窦山公神前，置棹上，跪宣告文。祭毕，仍设神坛于月台，管理五人跪读誓状讫，接管五人剪牲歃血，以一其心，庶怀私者皆有所警矣。誓毕，每房家长一人同家众，将当年手册查果无弊，家长酌众议于功最款下书其多寡有无收匣，复将接管手册应值人名，令其亲书押号付领承管。或查出有弊，及接管非时，交代不明者，家长同家众即时举罚。

中元祭毕，各房家长同家众于接管中举一人领银匣，一人领匙钥，一人领手册，一人领印秤，一人领什物，填于接管手册各名下。至一年事完，送出点检交递。

递年管理开注手册在匣凡若干本，及后开新旧文契一应什物，中元交递之时，管理同接管告家长家众，照依上年交递手册，眼同检点明白。如有失落手册一本并失一契一物者，接管务要告家长家众，即时追出，仍加重罚，方许交递。倘容隐不举，责在接管者。

凡事属兴废大节，管理者俱要告各房家长，集家众，商确干办。如有徇己见执拗误事者，家长家众指实从公纠正，令其即行改过。如能奉公守正者，家长核实奖劝，家众毋许妄以爱憎参之，以昧贤否。

各房如有不肖子孙妄将众共田地山场祠墓等件盗卖家外人

者，管理者访实，告各房家长会众即行理治追复，或告官治罪，以不孝论。此实兴衰之机，不可容忍顾惜。

凡事有关乡族，视理曲直以为举止，毋分外生事相凌。

各房事有干法干义，管理者宜以情理相谕，务期敦崇礼义，无坠家声。

窦山公文契原贮众匣，后因各房陆续检去，在匣无几，各宜赍出，尽归众匣，便后查考。如不肯赍出者，查明还众收领。其后续买者，管理递年誊录上簿，即刊于家议，契归众匣，毋得各人私收。

窦山公亲笔誊契文簿及逐年流水亲笔买业文簿，宜归众付匣珍藏为是。

户门税粮原系众者，各房分纳。人众弊生，至嘉靖三十一年间，照依旧额，尽行扒出入众。今续买并旧额，共米壹拾叁石叁斗柒升捌合捌勺，麦陆石叁斗玖升肆合，立例于后，递年填注粮额若干。其里役粮差一应公事，俱系管理将众银应办。日后不许分析，苟有倡言分析者，即是阴坏众业弊端，管理告家长家众，即时举罚。

凡管理修治祠宇田地并塘堨𦞦堨等事，或监视，或估断，用过银谷必要从实开帐。倘有交通工匠，故意虚捏工帐，于内窃取银谷者，家长家众查出，重罚不恕。

名门右族，未有不以作兴斯文为急务。我祖宗时，有作兴事例，其赒恤爱护之者无不周至，以故当时英贤济济，奋庸廊庙，于祖有光，于众有补。吾程为乡邑称首者，恃有此也。今也作兴事例，久已不闻，而媢嫉之徒，反加沮抑。且如致礼本县，大家门户攸关，尚令斯文自备，而众若罔闻焉，不知众存银谷将焉用之？轻其所重，宁非上逆祖宗之志意哉？无惑乎斯文寥寂，科目久湮，家声渐泯，众事日非。于此不加振作之方，后来日趋将不知所终矣。今议：本县迎送礼仪及递年二节礼义，俱系管理将众银买办，凭斯文开具往县将送。其脚力饭食，系斯文自备，斯亦去礼存羊之意也。苟有能复祖宗之旧者，安知斯文不复振如前乎？

众宾有事往来，应款酒饭。官长公务按临，合具礼筵。管理者酌量事宜，或取给于军装，或取给于东房，先期预备，务期成享，毋得推捱，临时误事。

册中所议事体，专一责之管理，虽治山者亦属焉，所以示家政之归于一也。倘有祠墓田地山场横遭外侮内患，事关重大，情非得已者，家长家众俱要同心齐力御侮杜患，毋得坐视，独委之管理、治山者，以致偾事。

当年管理及下年接管，互有算帐交帐酒酌，治山者皆予焉。每次议用银陆钱，后照此毋过。

其东西二房军装田租并一应事务，俱系管理者一体带管，同时交递。

家长程　　程　　程

　　程　　程

轮值管理程

　　程

　　程

　　程

　　程

其手册、银匣、匙钥、印秤、什物，中元祭日，家长同家众于前管理内五人分派举领，临时填注某人名下。

告文式

维

万历三年七月十五日，管理众事嗣孙程

程　　程　　程　　程　　壹年已完，今将事宜手册谨告于我祖考窦山公之神前，维是今年　　等，遵委管理一应众事，敢不同志协力，洁己虚心，上体我祖志意，以竭愚衷。如有怠情以应故事，如有影射以私毫发，如有卖公沽直以示己恩，如有徇情托好以废公道，有一于是，我祖殛之，俾坠其家，业尽些须，俾殒其躯，灾极于嗣。其慎遵守，兢业弗违。我祖鉴之，降以福祉，身康胤衍，奕世可师。我祖在上，洋洋若临，正此法纲，孰不用情，醴殽再爵，惟神其享。

誓状式另刻板一张，临祭将黄纸刷印填注，管理共宜。

功最

今将窦山公分下递年税粮米麦开具于后：

旧管

米

麦

新收

米

麦

实在

米〈乙十八石乙斗九升六合四勺，又收楷①米一升零四勺，共十八石二斗六合八〉。

麦〈八石零七升三合五勺〉。

窦山公家议卷二

墓茔议

---

①“楷”指程良楷。

古不修墓，非不修也，慎之于初，无庸于修也。盖以人之根本在是，不宜轻动耳。苟轻动之，犹植木而戕其根，欲枝叶之茂得乎？故凡所当保者，不可忽也。述墓茔议第二。

议曰：自尚书胡夫人以下十墓，清明合祭宗祠，各捧纸钱分往各墓摽挂。自汝霖公以下拾壹墓，清明合祭宗祠后，五房轮备祭品，往各墓所致奠摽钱。窦山公以上叁墓，以下叁墓，俱于清明合祭宗祠，数日后，五房轮备祭品致奠各墓摽钱，长幼毕集百花园墓祠散胙，即日每房各一人至章溪刘孺人墓致奠摽钱，不至者罚银伍分。前项奠仪，俱有祭谷，有定式。

始祖以下墓茔拾所，多属湮没，先叔贯①倡义稽证修复，各结砌完整，立碑石于上，至今世守不失其故，皆其力也。使后人能继其善，岂复有迷失之憾。

自今以上祖墓，各得山水环聚之所，俱系前人积德所致，有非偶然。然所据一席之地，已尽翕聚之理，再无余蕴，观其发散于后人者可验。其有尼而侵祔者，斯两失之。以往勿论，日后倘有各房子孙侵祔祖墓者，众共攻之，责令立时改正，仍加重罚。如有不伏，众即立时举起，仍行告鸣理治，以不孝论。

历观祖墓，咸协吉康，无论已。但佐公、庭公二墓，窃有议焉。尝闻子虽齐圣不先父食久矣。佐公乃窦山公之父，庭春公乃其兄也。今子祠屹然中立，而父兄之墓旁祔，子享大庭丰祀，而父兄兀坐旁观。茔域未闻专祀之典，祠奠徒增向隅之悲，匪惟子孙恻然不安，窦山公之心岂若是恝乎？且二公捐身万里，艰苦万状，体魄虽泯，灵爽犹存，故园松楸之思，寒暑

①此段文字为程昌所写，故称程贯为叔。程贯字用本，号松岩，族谱载，他“修祖墓，勒立石碑”。

变迁之感，曾谓子孙而可以若斯报之乎。况佐公为人好善乐施，乡称长者。缘户启尤，因人受累，原非自致之辜。庭公年方十六，仰承祖命，毅然代父继役，不累兄弟，遑恤家室，非孝且义者不能。二公韬德于身，留福于后，其奕叶乐利安荣相仍而未艾者，皆二公之所诒也。为子孙者，可食其报而忘所自乎？愚意谓宜别选吉地，改卜宅兆，大启规模，建祠树石，庶少慰我二公之灵。其见在墓地两旁加造寝室二间，内立用行十三公神主，左右从祀，则一举数得，父子兄弟各安其位，罔怨罔恫，宁不为子孙之一大快乎？倘有兴念及此者，宜急图之，幸毋以言为迂焉。

各处墓茔树木，属前遮蔽者可少剪除，系庇荫者宜慎保守，各房毋得纵容奴仆擅自盗伐，及外人侵损，管理者查访，从重处治。

百花园墓，今立庄仆看守，凡有折一草木，责必归之，管理者宜不时晓谕。其程乞住边方坟背后山地，系五房久业，众坟在上，清明会祭日一体標祀。

墓茔各具于后，余详族谱足征录。

尚书公墓（在浮梁锦里潘村韩岭之麓，丙向）。

尚书胡夫人墓（在本里下东山中培，辛向）。

中奉公墓（在本里杨坑江家岭下上冢，寅向）。

承津公墓（附中奉公墓左，寅向）。

贵昂公墓（在本里汪村园塘尾，卯向）。

颖公墓（在住后降背坞口，坤向。孺人洪氏祔圹右）。

宿三公墓（在本里下村宅后，巳向）。

兟九公墓（在本里汪村园橳皷培，见在宗渠买业墙围内，子癸向）。

兟九公夫人佘氏墓（在报慈庵后，巳向）。

伯彦公墓（在本里杨坑中八亩段杨树桥东，坤向）。

伯彦公孺人张氏墓（在学堂山程岩住后，丁向）。

汝霖公墓（在八都巧坑麻榨坞，系官字九百二十号程必成经理山四亩，坤向）。

汝霖公孺人余氏墓（在二都雍家岭背楚溪头庄婆坞，午向。秋字壹百三十号程万三进名目山六亩。润公墓祔左。向因地邻王初等侵损，万历二年状告府县，责令改正，伪契七纸涂抹附卷抄招给帖存照）。

滋公墓（在本里外江家冢背，近许五坞口，酉向）。

有亨公墓（在江家冢背上边，近柘木坑，酉向）。

光岳公墓（在本里上东山胡家园上培，丁向。孺人方氏合葬）。

国宝圣佑公墓（在本里许五坞口，未向）。

如柏公墓（在本都项源磜上宋家山，丁向）。

如柏公孺人于氏墓（在本里黄坑桂家坞口，坤向）。

仕荣公墓（祔如柏公圹右）。

仕荣公孺人陈氏墓（在住后降背坞口颖公墓旁，午向）。

仁山公墓（在本里溪头观音堂后，午向）。

仁山公孺人汪氏墓（祔如柏孺人圹右）。

佐公墓（在本里中村书院后，午向。庭春公墓附后）。

佐公孺人蒋氏墓（在本里下东山，乾向）。

窦山公墓（在本里杨坑百花园，卯向）。

窦山公孺人汪氏墓（附佐孺人圹右）。

窦山公孺人刘氏墓（在本都章溪江村，申向）。

窦山公继孺人查氏墓（在住后下坞口左山麓，丙向）。

窦山公家议卷三

祠祀议

追远报本，莫重于祠。予宗有合族之祠，予家有合户之祠，有书院之祠，有墓下之祠，前人报本之义，至矣！尽矣！思报本之义而祀事谨焉，神妥人辑，吉之趣也。述祠祀议第三。

议曰：合族祠堂原附立于报慈庵后，祀始迁祖以下神主，各割田以供香火，前辈重祠之意可见。今人衍祠隘，且祠宇倾圮，而祀事又多潦草渎慢，有乖继述大义，创制宏规，则在乎后人焉。

正居祠堂，东西二房不时致奠，每岁除夕、正旦，少长毕集，照次叙拜，各房为首者各备果酒，奠后相庆，四礼举行率集于此，爱护保守实宜为先。

正居据一村之中，负山面离，左踞右蟠，且栋宇宏壮，甓墁周密，前人功业非寻常可伦，然报礼未尽合义，秽碍日以相循，此乃美中不足。正祠典，尽仁孝，良非细故，试共思之。

正居门路古从右行，磬折而南，对印山以达濒溪之路。今之东旁行路，乃窦山公己取，补塘西岸而通。

窦山公功德兼隆，祠而祀之宜矣。先时于中村建书院，即堂后立祠像奉祀，予尝题对云：进士登科之录四次书名，状元及第之基万年享祀。其祀事岁凡六举：正旦、生忌二辰、清明、中元、冬至。惟中元、冬至，管理者动支众物备设，其三举则各房轮备。俱有祭谷，有定额。惟清明祠祭，每人出谷拾叁斤半付，为首者照例管办。

祭以奉先，非为胙也。近有计胙多寡，不出祭谷者，殊可鄙笑。人人若尔，不几于废祀乎？今后但非远行大故，应出祭谷而不出者，中元、冬至二祭俱不许领胙。

中元、冬至祭品俱照式设，但务加鲜洁整齐。其酒醴系众谷见造，亦当较其美恶多寡，庶无后弊。

生忌祭日，每房止长者贰人预祭，仕宦家居者亦预。轮值备办者，止一人陈设。

书院祠堂本妥神之所，务宜洁净，秩下子孙在此读书，于祖有光。今除读书外，如有秩下子孙将物料堆塞污秽祠宇者，管理访出，即时责令移徙，仍罚。其守祠佃仆，尤宜严加禁令，不许安顿农具、灰粪、柴薪，并不许晒物养畜等项。一切污秽，悉在所禁。有不听令者，管理即告家长家众，重加责罚。倘祠宇损坏，管理不时修整。若非祭祀、读书之时，管理即将门锁闭。其东边耳门，宜移旧处，以便关锁。如此则祠宇静洁，神自安妥，且无人畜作污，亦杜水火之患。此急务也，宜即行之。

百花园墓祠，深得建立之善，但未尽建立之规，须宽敞拱顾，以叙百余长幼，不致参差溷乱为美。

祭祀乃是大事，必精洁，必诚敬，否则祖宗不歆。如苟且以应故事，当事者从公声罚，毋得徇情缄默。且祖宗之灵无所不鉴，可不致慎？

中元、冬至之祭，五房十八岁以上者毕集，因以受训受事，其义深矣。预祭者不思其义，惟图散胙，是自绝于窦山公也。今后祭毕之时，管理将预祭者书名于本年手册后，以凭照序散胙，亦使各知所议以遵守也。

祠祀规条详具于后：

合族祠，在居南宋嘉坞报慈庵后，每岁正旦，合族为首者具酒饼致奠。奠毕，分长少叙拜散饼。本家人众，凡轮派为首者，不许推延，以致众议。每年清明各门致祭。

合户祠，各房不时奠祭。

七分墓祀仪各开于后：

八都汝霖公墓【方村办物】。

鲜明五色粿拾五斤，精洁细和菜五斤，鸭弹柒枚（以上俱为首者管办），熟猪肉贰斤肆两（计生肉叁斤），好酒五瓶，白纸拾张，火纸肆两，纸钱贰竿，象生肆串，官香三炷，祝文一纸（以上俱众备）。

二都汝霖孺人墓【仁山公首人办物】。

鲜明五色粿拾五斤，精洁细和菜五斤，鸭弹柒枚（以上俱为首者管办），祝文一纸，熟猪肉贰斤肆两（生同前），好酒五瓶，白纸拾张，火纸肆两，纸钱贰竿，象生肆串，官香三炷（以上俱众备）。

项源如柏、仕荣二公墓。

鲜明五色粿贰拾斤，精洁细和菜五斤，鸭弹柒枚（以上俱为首者管办），祝文一纸，熟猪肉贰斤肆两（生同前），好酒五瓶，鸡壹只（系汪住保等佃出备），纸钱壹竿，白纸贰拾张，火纸肆两，象生陆串，石烛壹对，官香三炷（以上俱众备）【□菜二两，山林果十二碟，拨坟二碟，和菜四碟，肉一碟，炒骨四两。发山林果各姓四十个，拨坟二碟，肉菜各二。外又西房坟肉、菜、果各一碟】。

溪头仁山公墓及许五坞、江家冢背等处墓。

鲜明五色粿叁拾斤，精洁细和菜拾贰斤，鸭弹拾伍枚（以上俱为首者管办），祝文伍纸，生猪肉拾斤，好酒拾贰瓶，鸡壹只（系林天生地租鸡），石烛壹对，白纸陆拾张，火纸壹斤，象生拾串，纸钱伍竿，官香壹束（以上俱众备）【挑抬各四十个，庄屋内每人果、肉、菜各一碟，拨坟各二碟】。

黄坑坞如柏孺人墓及村里等处墓。

鲜明五色粿肆拾斤，精洁细和菜拾柒斤，鸭弹贰拾枚（以上俱为首者管办），生猪肉拾伍斤，好酒拾伍瓶，白纸伍拾张，火纸壹斤，象生捌串，石烛壹对，纸钱伍竿，官香壹束，祝文肆纸（以上俱众备）【拨坟二碟，肉二碟，菜二。山林果贰碟，菜三，无肉。查氏孺人果一碟，肉一碟，和菜一碟】。

墓下祠在本里杨坑百花园墓左山下，每年正旦、清明会祀。

正旦祭仪

好旧腊肉壹斤（去肥皮、黑膜），猪肚壹斤，新鲜油煎塘鱼壹斤（去头尾，醃鱼不用），猪心腰舌壹斤（以上俱切细片各称），好冰梅糖串拾贰两（租秤称），堪用水菜随备，大申文纸贰拾张（计长贰尺贰寸），火纸半斤（价秤称），中印丝象生贰百锭，石烛壹对，官香壹束，祝文壹纸（以上俱为首者管办），好酒拾贰瓶（众备）。

清明祭仪

窦山公墓及汪氏孺人墓。

鲜明五色粿壹百斤，精洁细和菜贰拾斤，鸭弹伍拾叁枚，大申文纸贰拾张（式同前），火纸半斤（价秤称），中样印丝象生贰百锭，石烛贰对，纸钱肆竿，官香贰束，枝员果子伍套（不散），祝文并后土文各贰纸（以上俱为首者管办），生猪肉伍拾斤（系汪金富等养办），油煎塘鱼，腊肉柒斤（系冬至祭肉内存醃拾斤），肥鸡柒只（系杨坑中村租鸡），好酒贰拾瓶（以上俱众备，付为首者）【下东山拨坟肉、菜、果各二碟】。

章溪江村刘氏孺人墓。

鲜明五色粿贰拾斤，精洁细和菜肆斤，鸭弹柒枚，纸钱叁竿（以上每竿俱七节叁十层），大申文纸贰拾张（式同前），火纸肆两（价秤称），中样印丝象生壹百锭，石烛壹对，祝文后土文各壹纸，官香壹束（以上俱为首者管办），无骨熟猪肉贰斤半，炒骨肝杂（各贰碟），油煎塘鱼、腊肉（各壹碟），鸡壹只（系林法春坦租），好酒伍瓶（以上俱众备）【下东山并果二十□。漳溪上坟山林果四十个，五人吃四十个】。

书院祠在本里中村宅里坞口，每年生、忌二辰致奠。

清明、中元、冬至会祀。

生辰祭仪（忌辰同）（生辰正月十六日，忌辰九月二十一日）｛五十五年分以正用熟肉二斤，炒骨一斤｝

去骨熟猪肉壹斤半，炒骨壹斤半（头、脚、骨俱不用），新鲜油煎塘鱼壹斤（去头尾，醃鱼不用），好旧腊肉壹斤（以上俱切碎各称）｛饭十斤，和菜五斤，｝肥母鸡壹只（俱系中村张寿、乞保租鸡）｛二次俱系文孝庙前租鸡｝，上好大样枝员各拾贰两｛九月用栗一斤｝，大堆糖贰个，大拖禄五碟｛原系六斤大秤，因戊午年起系八斤大秤｝，堪用水菜拾碟（俱要丰洁），石烛壹对｛今用三对，四座各一枝｝，大申文纸贰拾张（式同前），火纸半斤（价秤称）｛用福钱并火纸｝，中样印丝象生壹百锭，官香壹束｛加金银乙百｝，祝文壹纸（以上俱为首者管办），好腊酒捌瓶（系众备）。

清明祭仪

祭猪壹口，祭羊壹羫，席面壹张（油煎塘鱼，熟鸡壹只租秤拾贰两，猪肉，炒骨，腊肉俱要丰洁，高五寸），塘鱼陆尾，大枝员堆糖共伍碟，拖禄伍碟，笋蕨水菜伍碟（要丰洁），大申文纸壹百张，纸钱贰竿（七节叁拾层），大小告示榜纸（共拾壹张），石烛叁对，好腊酒叁拾瓢，祝文壹张。余物俱照簿式（以上俱为首者管办）。

中元祭仪（冬至同）

祭猪贰口（共计壹百贰拾斤，永为定则），祭羊壹羫（定银柒钱），塘鱼（定银伍钱），枝员时果（定银肆钱五分），拖禄壹棹面食（共定银贰钱伍分），水酒拾瓶，糖尖（定银贰钱伍分），好腊酒贰拾伍瓶，大申文纸壹百张，建白纸贰百张（打钱），石烛叁斤，中样印丝象生壹仟锭，檀香叁钱，速香（贰两），长红绿纸表白黄纸，大椒、花椒（各肆两），大料并红曲、闽笋、木耳（各捌两），盐（伍斤），酱（贰斤），醋壹瓶，香油贰斤，爨饭米，时菜葱，柴叁担（系青真坞管办），炭拾斤（系中村管办）。

前开中元、冬至祭仪，众议定式，日后照式无过。盖人生日繁而众物有限，凭此散胙，难以复加矣。

其祭仪位席、肴品，俱照后开定式（不在多冗，但要精洁馨香）：

神位各一席　羹（酒三献）饭

菜	猪脯	面食	果	羊肘
菜	煎鱼	面食	糖	
菜	鸡脯	面食	果	鱼
菜	炙肝	面食	糖	
菜	猪醢	面食	果	猪肘

（牲饤共设于前）

窦山公席馔外加猪肚壹品，用油酱涂炙，加擈大料。脯，用无骨猪肉各壹块，约重陆两，煮半熟，以油酱涂① 透煎烧，加擈大料。鸡，用肆② 只，煮半熟，切大块，用香油炢熟，加擈大料。鱼，用鲜活者五斤，去腮、鳞，油煎，加擈大料。猪肝一付，略煮切片，以盐、酱、酒醃一霎，炙熟，加擈大料。醢，用精猪肉贰斤，切骰子大块，以红曲、盐、酒醃一霎，取出蒸熟，加擈大料。大料，用净花椒三两，大茴香一两拣净，白芷五钱，共研为细末听用。

每次用厨役一名，给工银叁分，胙肉一斤。

青真坞及中村三家役使一日（青真坞与熟肉四两，中村共与熟肉六③两）。

前项祭仪，管理者如式备办陈设。各位俱用纸牌书主，主称各照后祭文。神像左右，设二孺人位。堂中南向设五位，余俱东西叙。至期，先祭二墓毕，阖门，然后祠祭，礼庶两尽。其熟祭俱照旧规。

①历史所本和安图顺治本作“途”。

②北图万历二十五年甲、乙本，安图万历本、顺治本及历史所本均作“五”。

③北图万历二十五年甲、乙本，安图万历本均作“八”，历史所本与安图顺治本均作“五”。

书院墓祭仪节：

序立，奠酒，鞠躬四拜，读祝，侑食，焚帛，礼毕。

书院祠祭仪节：

序立，鞠躬四拜，兴，平身，诣香案前，跪，初献酒，酌酒，祭酒，奠酒，读祝，亚献酒，终献酒（俱如初献），俯伏，兴，平身，复位，鞠躬四拜，兴，平身，侑食，焚帛，礼毕。

墓祭祝文式：

维大明　年岁次　月朔祭日，嗣孙程镆、程　程　程　程　五大房人等，敢昭告于六◀七▶世祖考佐一府君之墓曰：岁序流易，时维（孟秋、长至），追感岁时，不胜永慕，谨以粢盛庶馐祗荐岁事。尚飨。

高◀六世▶伯祖考春三府君。（祭文式同前）。

祠祭祝文式：

维大明万历三年岁次乙亥秋七月朔祭日，嗣孙程镆①、程铃②、程铧③、程钶④、程钥⑤五大房人等，敢昭告于显高◀七世▶祖考窦山春四府君、显高◀七世▶祖妣汪氏孺人、显高◀七世▶祖妣刘氏孺人、曾◀高▶祖考守拙载二府君、⑥曾◀高▶叔祖考朝列大夫左长史慎庵载四府君、⑦曾◀高▶叔祖考存善载五府君、⑧曾◀高▶叔祖考淳庵载六府君、⑨曾◀高▶

①据附录族谱，程镆为程昇子，程密孙，窦山公长子载盛曾孙。

②程铃为程普子，窦山公次子载显曾孙。

③程铧为程煦子，窦山公五子载让曾孙。

④程钶为程旸子，窦山公四子载懋曾孙。

⑤程钥为程昙子，窦山公三子载达曾孙。

⑥指窦山公长子载盛，号守拙。

⑦指窦山公次子载显，号慎庵。

⑧指窦山公三子载达，号存善。

⑨指窦山公四子载懋，号淳庵。

叔祖考澹庵载七府君、①先◀曾▶伯祖考正治卿河南左布政使竹岩用一府君、②先◀曾▶伯祖考松岩用二府君（讳贯）、先◀曾▶伯祖考寿官梅岩用三府君（讳通）、先◀曾▶伯祖考静庵用五府君（讳容）、先◀曾，以后俱曾▶、先祖考弘庵用八府君（讳密）、先叔祖考逸儒栢岩用九府君（讳复）、先叔祖考养性轩用十府君（讳宪）、先叔祖考诚斋用十一府君（讳宿）、先叔祖考掌教简庵用十三府君（讳文）、先叔祖考寿官敦素用十四府君（讳云）、先叔祖考劣翁用十六府君（讳腾）、先叔祖考古愚用十七府君（讳循）、先叔祖考俭斋用十九府君（讳度）以暨堂中男女该祀之神曰：岁序流易，时维（孟秋、长至），追感岁时，不胜永慕，谨以洁牲粢盛庶品祗荐岁事。尚飨。③

各处墓祭祝文式。

正旦祝文：

维大明　年岁次　月朔祭日，嗣孙程　程　程　程　程　五大房人等，敢昭告于高祖考窦山春四府君之墓前曰：岁序流易，时维履端，追感岁时，不胜永慕，敬陈菲奠，用表孝忱。尚飨。

生忌二辰祝文：生辰正月十六日，忌辰九月廿一日④

维大明　年岁次　月朔祭日，嗣孙程　程　程　程　程　五大房人等，敢昭告于高祖考窦山春四府君暨高祖妣汪氏孺人、高祖妣刘氏孺人之神曰：岁序流易，时维（孟春、季秋），恭遇高祖考（生、忌）辰复临｛九月廿一日不用｝，存既有庆，殁

①指窦山公五子载让，号澹庵。

②指窦山公长孙程泰，号竹岩，字用元。泰诸弟均以“用”字为行字，如程贯字用本，程通字用诚等等。“用一”、“用二”等均系行名。

③从该祭文中的称谓，知为窦山公长子载盛之曾孙程镆所写。

④北图万历三年刻本后人在正文下添加之文字。

宁敢忘，追感音容，◀岁时▶不胜永慕，谨以清酌庶馐敬伸奠献。尚飨。

清明祝文：

式同前。曰：岁序流易，时维清明，瞻扫封茔，不胜永慕，谨以酒粿殽馐敬伸奠献。尚飨。

后土祝文式：

大明 年 月 信士程 程 程 程 程 五大房人等，敢昭于后土之神曰：岁序流易，时维清明，某等恭修祀事于我祖窦山府君之墓，维时保佑，实赖神庥，谨以酒粿殽馐敬伸奠献。尚飨。〈佐公清明棹面：拖禄一副四斤大秤。糖尖五个。羊肉十二斤，内杂二斤带角。鸡一斤二两，带爪血称。火肉一斤二两，去骨。炙肉一斤四两，去骨。炒骨十二两。炙鱼一斤二两。笋蕨菜五碟。弓单。金银。〉

窦山公家议卷四

田地议

知创业守成之不易，由知稼穑之艰难，不知稼穑而能持久者鲜矣。是故七月之风，无逸之训，志王业者尚惓惓也，况齐民乎！述田地议第四。

议曰：众存未分田地，原以备户役、祭祀等项用费，今议将韩村、方村、杨坑、青真坞、项源田租，尽贮五仓存积，以备户役粮差。所有羡余，置买便产。其中村田租，除备祭祀外，余谷量分，各处暂分浮谷，照依旧则无过。

其暂分各处浮谷，倘众有急务，俱要存积以应众用，各房毋得执拗。

韩村租田原因水坏，窦山公应县主奖召，不惜财力造大围堘五条，塞堑成田。恐后户役繁重，用度不敷，故立文嘱令五房子孙永远存业以备，毋得变易。续置月山嘴山下、杨坑、方村等处租田，系是韩村等处积蓄所致。

韩村庄田，乃窦山公创业首地，原田壹亩，定租拾陆秤，每秤拾伍斤平称。今之述事者，每秤以拾柒斤为则，犹有加焉。且有数号亩步甚紧者，佃何以堪。况别处庄田，仍有赖于山地之利，以补其所不足。而韩村勤劳终岁，专望于田，而无他利。且如溪头，乃田庄之尤者也，每田壹亩，计租不上捌秤，而韩村倍征于彼，倘遇凶歉，又何以堪。今之管理，尚当体祖宗之意，存恤下之心，或监，或让，公议宽之，庶佃人有所依归，无怀异土之念矣。诚恐人心不古，各出其论。愚见度之，莫若将田丈量明白，定其租数，庶无亏损，公平两服。

青真坞田，系正德十六年陆续开垦，其山麓仍可田者，宜随垦以益之为便，但毋许秩下子孙私垦以破众业。有私垦者，宜曲处归众，毋许执拗入己。

许家坦田地，系窦山公取赎义男汪紘、汪新祖业，递年虽交租不缺，管理者罕至其所，多为地邻佃种者侵占隐瞒，今已清查定界，以后每年须亲往一勘。

正居前塘，五房原为庇荫而设，其水所泄之渠，南行数十丈，由东绕大园而南达溪，所关甚切，宜时疏浚，日后毋得罩占侵废。

续买正居后地，拟为附祠，及路口濒溪塘地，今造铺屋拾壹间，其拾间各房浮分，其中壹间众存租赁，俱毋许秩下子孙私业私卖。

凡遇水旱，管理者须分勘各处轻重量助，令其救治。若有荒歉，或监，或让，须亲勘通处。其田原亩步紧者，亦须酌量宽减，俱毋得执一，以困贫佃。但不可受嘱滥与，以私灭公，亦不许怀恨留难，以逞己忿。

各处田、塘、畎、堨，若有损坏壅塞，管理者当及时修治，毋怠惰废弛，以致荒芜田亩。

在城寓宅，乃往来安驻之地，其关系同于正居，管理者宜加意修整。守者但令办茶水及备修盖之费，毋许徇私招歇多人，搅乱污秽。

各佃该纳租鸡，或众存祀用，或管理分用，照旧开注。其各佃租膳肴品，亦照旧开注，俾后管理有稽。其未谙者，不致各佃之隐瞒；而存私者，亦不得过征乎各佃。此虽细务，亦革弊之一端也。

日后续买田地，管理务要亲临查勘亩步、坵数、实租、税粮、时价，必须的实相应，方许动支众银买业。其续刊田地款下，开注某年某管理买受某人田，以验贤否。接管者复勘，倘亩步、租数有名存实亡者，有田少税重者，有滥增重价者，即系私契，接管者即告家长家众，将田退还原买管理，责令将原价加利还众，仍罚。其接管徇情不举，访出一体同治。且买田须宜量力，不可勉强，倘系当紧，方可权处。

各处田、地、塘土名、租数，照保逐号开列于后。每年称租之时，即于各号边空行内，填注某年收完，或监，或让，并佃人名目，逐一注明，以便查考。其字号、四至、亩步、坵数，查注各号下。其各保号后存有空板，日后续买，管理者递年刊刻续上。

一保杨坑上坳等处田，各号土名、亩步、租数开后：

号①字一号，洪岸塘内壹所（三分内该二分），共田八坵（计拾壹亩），计分租伍拾肆秤，鸡壹只，佃②。◀收肆拾捌秤，余让。▶｛收叁拾零半秤，余让。｝〈收肆拾叁秤半，余让〉〔监并收肆拾叁秤，余让〕

---

①自宋以来田土保簿即以千字文为序编号，此“号”字即千字文中“剑号巨阙，珠称夜光”一句中的“号”字。

②指此号田出佃给佃户耕种。

一号洪岸塘下段田一坵，计捌分，计租捌秤，鸡壹只。佃。◀收足。▶{收六秤，余让}〈收陆秤零肆斤，余让〉〔收陆秤，余让〕

一号冷水坞田十坵，计贰亩壹分，计租贰拾壹秤，鸡壹只。佃。◀收拾柒秤，余让佃。▶{收拾乙秤，余让。}〈收拾伍秤半，余让〉〔收拾伍秤半，余让〕

一号冷水坞上边沿山坵田一坵，计四分，计租肆秤。佃。◀收足。▶{收贰秤，余让。}〈收叁秤半，余让〉〔收叁秤，余让〕

一号冷水坞下边沿山坵田一坵，计四分，计租肆秤。佃。◀收足。▶{收乙秤拾斤，余让。}{收叁秤半，余让〉〔收讫〕

一号桂家门下田二坵，计陆分，计租陆秤。佃。◀收叁秤足▶{收乙秤四斤，余让。}〈收壹秤肆斤，余让〉〔收一半，足〕

一号小塘坵田二坵，计壹亩，计租拾秤肆斤。佃。◀收伍秤零贰斤，足。▶{收贰秤，余让。}〈收叁秤拾斤，余让〉〔收一半，足〕

一号牛厄坵田三坵，计贰亩壹分，计租贰拾壹秤。佃。◀收拾秤半，足▶{收叁秤三斤，余让。}〈收捌秤半，余让〉〔收柒秤陆斤半，余让〕

一号横路上方盘坵田一坵，计玖分，计租玖秤。佃。◀收肆秤半，足。▶{收乙秤拾贰斤，余让。}〈收叁秤拾贰斤〉〔收一半，足〕

一号舍坵田一坵，计壹亩陆分，计租拾陆秤拾斤。佃。◀收捌秤伍斤，足。▶{收五秤，余让。}〈收陆秤贰斤半，余让〉〔收柒秤，余让〕

一号大塘坵田一坵，计贰亩，计租贰拾秤。佃。◀收拾

秤，足。▶｛收陆秤半，余让。｝〈收捌秤，余让〉〔收玖秤，余让〕

一号冷水坞口行路上路下（大横坵、小横坵共田三坵，计贰亩壹分），计租贰拾壹秤。佃。◀收九秤半，余让。▶｛收五秤半，余让。｝〈收柒秤半，余让〉〔收捌秤半，余让〕

前七号田与方家相共，计租壹百零叁秤拾肆斤，五大分买受内租伍拾贰秤。

一号冢林下田一坵，计贰分，计租贰秤。◀收壹秤，余让佃。▶｛收半秤，余让。｝〈收一秤，余让〉〔收一秤，上二年做定〕

一号横塍下田一坵，计柒分，计租柒秤。佃。◀收足。▶｛收叁秤，余让。｝〈收伍秤伍斤，余让〉〔收柒秤，足〕

一号火炉坵田一坵，计贰亩，计租贰拾秤。佃。◀收拾捌秤，余让佃。▶｛收拾贰秤，余让。｝〈收拾肆秤，余让〉〔收拾陆秤，余让〕

一号小项坑大契坞小塘一所（四分内该一分，计田肆坵，原荒坦成田），计租柒秤半。

一号大契坞响塘湾田一坵（原荒地成田），计租叁秤。

一号王三得住畔神林下溪边田三坵（原山脚成田），计租贰秤半。

前三号田共租壹拾叁秤（每秤贰拾斤称）。佃。◀收折柒秤拾壹斤，因洪水推田未造，余让佃。▶｛收捌秤半，余让。｝｛收折拾叁秤半，余让〉〔收折拾叁秤，余让〕

一号项泥冲田一坵、小塘一所（荒坦成田），计租拾叁秤（每秤贰拾斤称）。佃。◀收折拾伍秤零伍斤，足。▶｛收贰秤半，余让。｝〈收折拾肆秤伍斤，余让〉〔收拾叁秤，余让〕

一号善专住前田二坵，计肆分，内早租肆秤。佃。◀收足▶〈收足〉〔收足〕

一号善寿住底田一坵，计陆分，计旱租陆秤。佃。◀收足▶〈收足〉〔收足〕

一号下均景韶公坟前田一坵（原地成田），计旱租陆秤。佃。◀收足▶〈收足〉〔收伍秤，余让〕

一号下均冲岭下田一坵，计捌分，计租捌秤。佃。◀收足▶〈收伍秤半，余让〉〔收伍秤陆斤，余让〕

一号林梅坞口田一坵，计壹亩陆分，原租贰拾秤（今减①捌秤）。佃。◀收拾伍秤，余让佃。▶〈收拾肆秤，余让〉〔收足拾陆秤〕

一号东坑箬梗冲田一坵，内租伍秤伍斤（贰拾斤称）。佃。◀收折伍秤半，余让佃。▶〈收折伍秤伍斤，余让〉〔收折伍秤，余让〕

一号陈大坵田贰坵（买法玉田），内租拾秤。佃②。◀监叁秤，余蚀▶〈监肆秤拾肆斤，余蚀〉〔收伍秤，上二年做定〕

二保巨字号方村等处田土名、亩步、租数开后：

一号土墈头田一坵，计叁亩，原旱租肆拾贰秤（今减贰秤），鸡一只。佃。〈监收贰拾贰秤，余蚀〉

一号界上金盘坵田一坵，计壹亩，计租拾伍秤。佃。◀二号共监拾伍秤零贰斤，余蚀。▶｛二号共收贰拾秤，做定。｝〈监收柒秤拾肆斤，余蚀〉〔前二号共收贰拾贰秤，上二年做定〕

一号太尉庙前田三坵，计肆亩贰分，计租陆拾秤，鸡一只。佃。◀监贰拾贰秤，余蚀。▶｛收贰拾乙秤，余让。｝〈监收叁拾零半秤，余蚀〉〔收叁拾秤，上二年做定〕

---

①历史所本和安图顺治本均作“裁”。

②此号田与上一号东坑箬梗冲田，北图万历三年本无。据北图万历二十五年甲、乙本，安图万历、顺治本及历史所本补。

一号胥杨庙上叶虎住前田一大坵（内壹亩肆分五厘），该租贰拾壹秤拾斤。佃。◀监捌秤半，余蚀。▶｛监收五秤四斤｝。〈收拾捌秤拾肆斤，余让〉〔收拾叁秤，上二年做定〕

一号谢福礼门前田一坵，计捌分，计早租捌秤。佃。◀荒▶｛收叁秤，做定。｝〈监贰秤拾贰斤，余蚀〉〔收坦并租银共捌钱，上二年做定〕

一号万初门前蓼沙坵田一坵（四分内该一分，计贰分柒厘），该租肆秤（今减壹秤）。佃。◀监壹秤半，余蚀。▶｛收贰秤，余让。｝〈收壹秤拾伍斤，余让〉〔收贰秤，上二年做定〕

一号牌楼前田二坵，计陆分，计租玖秤。佃。◀监叁秤半，余蚀。▶｛收叁秤半，余让。｝〈监肆秤，余蚀〉〔收肆秤拾肆斤，上二年做定〕

一号方村厂头田（原仁分田贰亩伍分，内铤、链分未卖，余五大分买讫，因水推，未议租），计租□□秤。佃。｛收六秤四斤，余让。｝〈监贰秤，余蚀〉〔收拾贰秤拾贰斤，上二年做定〕

一号林家坞口田（内买铅分籍，因水推，未议租），计租□□□。佃。◀二号共监拾秤半，余蚀。▶｛收贰秤，余让。｝〈监收十斤，余让〉〔收贰秤零肆斤，上二年做定〕

一号方村兰荆坞口田三坵，计租贰拾秤（贰拾斤称）。佃①。◀监折玖秤半，余蚀。▶｛收捌秤半，余让。｝〈监拾叁秤，余蚀〉〔收玖秤，上二年做定〕

一号方村鱼塘背田□坵（十六年新买程铋田），计租四秤半。佃。◀水推▶｛水推｝〈监贰秤，余蚀〉〔水推全没〕

一号方村胥杨庙前田□坵（其田四分中该壹分，十六年新买程

①从此号到二保巨字号林村等处田之前的四号田，北图万历三年本无，字体亦异，显系后来补刻。此据北图万历二十五年甲、乙本，安图万历本、顺治本和历史所本录出。

铋田），计分租叁秤半。佃。◀水推▶｛收贰秤，做定。｝〈收贰秤拾斤，余让〉〔收贰秤，上二年做定〕

一号四家坞田五坵，塘一所（系买策田），计租拾捌秤半。佃。◀收拾秤，先年做租。▶｛收四秤，做定。｝〈议硬租，此帐亦减，下年写。监捌秤陆斤，余蚀〉〔收伍秤，上二年做定〕

二保巨字号林村等处田土名、亩步、租数开后：

一号甽畔下田一坵，计壹亩，计租拾肆秤。佃。◀监捌秤肆斤，余蚀。▶｛收六秤，余让。｝〈监捌秤，余蚀〉〔收玖秤，上二年做定〕

一号磨房堘下中截田一坵，计伍分柒厘，计租柒秤半。佃。◀监肆秤肆斤捌两，余蚀。▶｛收贰秤半，余让。｝〈监肆秤半，余蚀〉〔收叁秤半，上二年做定〕

一号牙家路下田一坵，计柒分，计租拾秤半。佃。◀监陆秤半，余蚀。▶｛收叁秤半，余让。｝〈监伍秤半，余蚀〉〔收伍秤半，上二年做定〕

一号三亩坵田二坵，计叁亩，计租肆拾秤拾贰斤，鸡一只。佃。◀监拾捌秤，余蚀。▶｛收贰拾叁秤，余让。｝〈监贰拾陆秤拾斤，余蚀〉〔收贰拾肆秤柒斤，上二年做定〕

一号沙坵田一坵，计贰分伍厘，计租叁秤拾贰斤拾贰两。佃。◀水推▶｛水推｝〈监拾伍斤，余蚀〉〔收麦贰斤〕

一号高岸坵名坦上小塘一所，田一坵，计柒分伍厘，计早租拾秤。佃。◀监叁秤半，余蚀。▶｛收四秤，做定。｝〈监肆秤肆斤，余蚀〉〔收肆秤，上二年做定〕

一号粉壁段田一坵，计贰亩捌分，原租肆拾贰秤（今减陆秤），鸡一只。佃。◀收叁拾陆秤▶｛监收拾伍秤伍斤。｝〈收足〉〔监并收叁拾壹秤〕

一号松木段共田一坵，计该贰分，计该早租贰秤拾肆斤。佃。◀监陆斤，余蚀。▶｛收拾贰斤，做定。｝〈收足〉〔收

拾贰斤拾贰两，上二年做定〕

一号湖里田一坵，计壹亩捌分，计租贰拾柒秤。佃。◀收贰拾伍秤，余让。▶｛收拾四秤，余让。｝〈收贰拾叁秤肆斤，余让〉〔收贰拾贰秤，上二年做定〕

一号叶初保住厥地，计早租贰秤。佃①。〔收足〕

一号林村萝葡菜田一坵，计早租捌秤。佃。〔收早租柒秤，让已〕

一号林村高岸剥菜园田四坵，计早租陆秤。佃。

一号同处田一坵，地一块，计早租伍秤。佃。◀前四号共纳租银乙钱捌分整。▶｛前四号收租银乙钱八分。｝〔前四号共收租银壹钱八分，上二年做定〕

一号咖塝下田壹坵（买铋田），计租肆秤②。◀收叁秤，余让。▶｛收贰秤半，余让。｝〈收足〉〔收足〕

一号禾场坵田壹坵（买渭田），内租壹拾叁秤。◀收玖秤半，余让。▶｛收陆秤，余让。｝〈监陆秤，余蚀〉〔收玖秤，上二年做定〕

一号板栗树下田，计租贰拾秤③。◀收拾柒秤，余让。▶｛收拾五秤，做定。｝【坐吃】〔收拾伍秤，上二年做定〕

一号下沙坵田，计租拾叁秤。◀水推▶｛收拾贰斤，做定。｝〔原水推，今收半秤〕

一号榉树岭下田，计租叁秤。◀监壹秤▶｛干收五斤。｝

①从此号到三保阙字号之前的十二号田，北图万历三年本无，字体亦异。此据北图万历二十五年甲、乙本，安图顺治本和历史所本录出。

②从此号到三保阙字号之前的八号田，北图万历二十五年甲本置于第四卷又十一叶，知为二十五年补入者。

③从此号到三保阙字号的六号田，安图万历本无。

〔监收拾伍斤〕

一号流河坵田，计租拾贰秤。（外道正四秤）◀监玖秤半，余蚀。▶｛收柒秤半，余让。｝【二号金文宗坐】〔收捌秤肆斤，上二年做定〕〔以上约租七百二十八秤十四斤四两〕

一号方村曲尺坵田，计租。◀监贰秤四斤，余蚀。▶｛收乙秤半，余让。｝〔收贰秤半，上二年做定〕

一号张家段田，内租半秤。◀水推▶｛无收｝〔水推〕

三保阙字号中村等处田土名、亩步、租数开后：

一号文孝庙前路下长坵（田一坵，计壹亩玖分伍厘），计租叁拾捌秤，鸡一只。佃。◀监贰拾捌秤，余蚀。▶｛监收六秤四斤。｝〈收叁拾贰秤，余让〉〔监收拾秤半。〕

一号牌楼上卿头田一坵，计租壹秤。佃。◀监陆斤，余蚀。▶｛荒｝〈因造庙无租〉〔荒〕

一号庙前长坵界下田四坵，计叁亩玖分柒厘，计租伍拾陆秤，鸡一只。佃。◀收肆拾柒秤半，余让。▶｛监收拾乙秤零伍斤。｝〈收肆拾玖秤半，余让〉〔干收共肆拾壹秤〕

一号庙前横路下塝上田二坵，计壹亩叁分，计租贰拾秤。佃。｛监收捌秤半｝〈收拾捌秤，余让〉〔干收捌秤〕

一号庙前溪边田一坵，计捌分，计租拾贰秤。佃。◀收拾玖秤，余让。▶｛监收贰秤半。｝〈收足〉〔干收叁秤拾斤〕

一号庙前门下田三坵，共计壹亩叁分（该一半），该租柒秤（又买西房，租贰秤，又买宗涪租贰秤半。）佃。◀监收拾壹秤半，足。▶｛收柒秤。｝〈收玖秤拾斤，余让〉〔收足〕

一号庙上左边高田一坵（原山脚成田），该租半秤。佃。◀收足▶〈收足〉〔收足〕

一号行路上店边田一坵，内早租壹秤陆斤。佃。◀收足▶〈收足〉〔干收陆斤〕

一号何家冲田一坵，计贰亩叁分，计租贰拾叁秤。佃①。◀收贰拾秤，余让。▶〈收拾陆秤半，余让〉〔干收陆秤〕

一号下村横路上田一坵，计壹亩贰分叁厘，计租拾捌秤。佃。◀收拾陆秤半，余让。▶〈收拾肆秤拾叁斤，余让〉〔收拾伍秤，余让〕

一号鲤鱼塘坞塘下（田六坵，计贰亩，塘一所，该一半，共计伍分陆厘叁毫，外荒），计租拾捌②秤。佃。◀收拾叁秤▶〈收拾伍秤，余让〉〔收拾伍秤，上二年做定〕

一号宣坞里田二坵，计贰亩捌分，计租贰拾肆秤。佃。◀收足▶〈收拾玖秤半，余让〉〔收足〕

一号张家段上厂田一坵，计叁亩，计租肆拾陆秤，鸡一只。佃。◀收肆拾贰秤，余让。▶〈收叁拾捌秤半，余让〉〔收肆拾秤，上二年做定〕

一号同处界下田二坵，计叁亩零，计租肆拾玖秤，鸡一只。佃。◀收足▶〈收肆拾伍秤半，余让〉〔干收共贰拾玖秤〕

一号张家段田一坵，计租拾壹秤半。佃③。◀退还林村▶〈退还林村讫〉〔退还林村〕

一号社坛前田□坵，内租贰秤。佃。◀收伍秤半。▶〈收叁秤拾伍斤拾贰两，内买楷田乙秤十五斤十二两〉〔收足〕

一号庙下坞田四坵，计租玖秤半。佃。◀收柒秤半，余让▶〈收捌秤半，余让〉〔收柒秤半，上二年做定〕

一号兰香坞口田一坵，计租贰拾柒秤。佃。◀收拾叁秤半，余让。▶〈内退拾肆秤还林村程会，收拾贰秤，余让〉

---

①北图万历三年刻本在此号田处有“审核员廖衎平验讫”长条朱文印一方。

②北图万历三年本后人在“捌”字上用墨笔改作“陆”。

③北图万历三年本从此号至三保阙字号的六号田无。此据北图万历二十五年甲本和安图顺治本录出。

〔收拾壹秤，上二年做定〕

一号花桥下喇头坵田一坵，计租叁秤。佃。◀收足▶〈收足〉〔收足〕

一号廖家坞田一坵，计早租柒秤。◀监叁秤三斤，余蚀。▶〈监叁秤，余蚀〉〔收叁秤，上二年做定〕

三保阙字号杨坑等处田土名、亩步、租数开后（后附别保字号，便收租也）：

一号百花园坟前塘一所，田六坵，计□亩□分，计早租肆拾叁秤（因造庄墙减叁秤）。佃。◀收叁拾柒秤，余让。▶｛收叁拾秤，余让。｝〈收叁拾捌秤，余让〉〔收叁拾柒秤伍斤〕

一号方家坟前田一坵，计五分，计早租伍秤。◀收足▶｛收叁秤，余让。｝〈收肆秤半，余让〉〔干收贰秤〕

一号方家坟前路下长坵田一坵，计□□，原租贰拾秤（今减贰秤）。◀监捌秤，余蚀▶｛收捌秤，余让。｝〈收柒秤肆斤，余蚀〉〔收壹拾壹秤，上二年做定〕

一号捕户门户①共田一坵，计玖分叁厘②，计租拾伍③秤。佃。◀监柒秤，余蚀。▶｛收陆秤半，余让。｝〈监柒秤，余蚀〉〔干收伍秤〕

一号张胜湾田一坵，计□□，计早租陆④秤。佃。◀收足▶｛收叁秤，余让。｝〈监肆秤玖斤，余蚀〉〔收足〕

一号黄泥坵田一坵，计壹亩陆分，计租拾陆秤。佃。◀收拾伍秤，余让。▶｛收柒秤，余让。｝〈收拾叁秤，余让〉〔收拾壹秤，余让〕

一号禾场坵、牛卮坵共田二坵，该一半，计壹亩，计租拾

①北图万历三年本后人"户"字上用墨笔改作"首"字。

②北图万历三年本无"玖分叁厘"四字，据万历二十五年以后诸本补

③北图万历三年本无"伍"字，据万历二十五年以后诸本补。

④北图万历三年本无"陆"字，据万历二十五年以后诸本补。

贰秤。佃。◀收拾秤，余让。▶｛收肆秤半，余让。｝〈监伍秤，余蚀〉〔收玖秤，上二年做定〕

一号中八亩段方坵田一坵，计壹亩，计租拾贰秤。佃。◀收拾壹秤半，余让。▶｛收柒秤半，余让。｝〈收玖秤，余让〉〔收柒秤，上二年做定〕

号中八亩段曲尺坵，计壹亩柒分。计租拾柒秤半，共鸡一只。佃。◀收拾肆秤，余让。▶｛收拾壹秤，余让。｝〈收拾叁秤，余让〉〔收拾肆秤半，余让〕

一号观音堂前三亩坵田一坵，计叁亩陆分，原租肆拾秤（今减四秤），鸡一只。佃。◀监贰拾壹秤，余蚀▶｛收拾玖秤，余让｝〈收叁拾壹秤，余让〉〔收贰拾捌秤，上二年做定〕

号字号上坳下马坵田三坵，计肆亩，计租肆拾贰秤，鸡一只。佃。◀收足▶｛收叁拾柒秤，余蚀｝〈收叁拾叁秤，余让〉〔收叁拾捌秤，余让〕

号字号吴坑坞小坞高田一坵，小塘一所（田畔上下湾山一培），计旱租肆秤。佃。◀监壹秤拾伍斤，余蚀。▶｛收贰秤，做定。｝〈收叁秤半，余让〉〔收贰秤，上二年做定〕

珠字号野塘并塘上田三坵（四分中该一分），计分租陆秤（陷收，又买承租半秤），鸡一只。佃。◀收捌秤半。▶｛收五秤，余让。｝〈收伍秤拾肆斤，余让〉〔收足〕

珠字号野塘下田一坵，计捌分，计租捌秤。佃。◀收足▶｛收陆秤，余让｝〔收足〕

珠字号鹅颈坵田二坵，计贰亩叁分，计早租贰拾叁秤。佃。◀收足▶｛收拾肆秤半，余让。｝〔收足〕

珠字号麦坞口果儿坵田一坵，计贰亩贰分，原租贰拾贰秤（今减贰秤），鸡一只。佃。◀监玖秤，余蚀。▶｛收拾秤，余让。｝〔收拾肆秤，上二年做定〕

一号菖蒲坵田壹坵（十九年新买程大位田），内租肆秤零贰斤。佃①。◀收足▶｛收叁秤零二斤，余让。｝〈收肆秤，余让〉〔收足〕

一号吴坑坞头田□坵（买淳、诠田），计租贰拾秤。佃。◀收拾肆秤半，余让。一号新买土墈头，计租陆秤，监叁秤伍斤，余蚀。▶｛收拾乙秤，余让。｝〈收拾伍秤拾肆斤。一号土名张家坦溪滩里田□坵，计租半秤，收足〉〔收拾陆秤，上二年做定。一土墈头，收伍秤，上二年做定〕

｛一买良彝土墈头租拾秤，收肆秤肆斤，做定。

一百花园屋厥头租柒秤。

一杨坑方盘坵租拾捌秤。

一羊鹅坑口汤周富住前租拾秤。

三号实做叁拾乙秤，余让。

此三号田系许家坦对换去塘坑又咧头，共租叁拾秤，双斤两称。｝

四保珠字号村里等处田土名、亩步、租数开后：

一号住前月山嘴下田二坵，计贰亩捌分，计租伍拾伍秤（监收），鸡一只。佃。◀收叁拾叁秤，余让。▶〈监肆拾贰秤，余蚀〉〔干收捌秤〕

一号胡家段西长坵田一坵，计玖分，计租拾捌秤。佃。｛监收伍秤半。｝〔干收〕

一号同处连界田一坵，计贰分伍厘，计租伍秤。佃。◀二号共监玖秤半，余蚀。▶｛先业无收。｝〈前二号共监拾贰秤半，余蚀〉〔前二号共干收拾贰秤〕

一号葫芦坵田一坵，共计柒分玖厘，内租柒秤。佃。◀监

①此号及下一号“吴坑坞头田”，北图万历三年本无，据万历二十五年以后诸本补。

柒秤▶｛收肆秤，余让。｝〈又买程大本田租柒秤，监捌秤，余蚀〉〔干收叁秤〕

一号广济桥头田一坵，计柒分，计租拾肆秤。佃。◀水推▶〈收拾秤拾斤，余让〉〔送全收〕

一号广济桥上田一坵（原塘、地成田），计租拾陆秤。佃。◀水推▶｛前二号，共折贰拾贰秤半，内除十二秤上庭春公坟。｝〈收拾秤拾贰斤，余让〉〔前二号干收共肆秤〕

一号塘坑田十六坵，计拾伍亩伍分，原租壹百叁拾叁秤（今减叁秤），鸡二只。佃。◀收壹百贰拾贰秤，余让。▶｛收捌拾叁秤，余让。｝〈收壹百壹拾贰秤，余让〉〔收壹百贰拾贰秤，余让〕

一号梓木坑方三坞口田二坵，计捌分贰厘叁毫，计早租拾秤。佃。◀收玖秤，余让。▶｛监收乙秤半。｝〈收捌秤，余让〉〔又对换栢岩公租贰拾秤，收拾肆秤，上二年做定〕

一号梓木坑田二坵，计壹亩陆分，计租贰拾秤，鸡一只。佃。◀收足▶｛监收肆秤。｝〈收拾捌秤，余让〉〔干收陆秤〕

一号羊鹅坑杨家坦田十四坵（共计田肆亩壹分，东、北坑，西山，南社田），内租拾秤（又买西房叁秤伍斤，每秤拾捌斤称）。佃。◀收折拾肆秤零乙斤。▶｛收陆秤半，余让。｝〈收折拾贰秤拾斤，余让〉〔收足〕

一号汪村园塘上田一坵（共计叁亩，买受镐，六分中一分），内早租（监收）。佃。◀监拾壹秤，余蚀。▶〈监贰秤拾伍斤，余蚀〉〔收捌秤〕

一号汪村园柿树下塘成田一坵（计贰亩陆分，买镐，六分中该一分），内分租（监收）。佃。◀成塘▶〈监贰秤拾贰斤，余蚀〉〔收拾叁秤伍斤，上二年做定〕

一号黄坑坞口黄泥坵田二坵，内早租壹拾壹秤（又买锭租壹

拾叁秤）。佃[1]。◀监拾玖秤。▶｛监收陆秤伍斤。｝〈监贰拾壹秤，余蚀〉〔干收柒秤〕

一号和溪桥头田，计租贰拾肆秤[2]。◀并新买道毛兄弟田计租共监柒秤，余蚀▶〔收叁秤，上二年做定〕

一号同处茅田降下田，计租壹拾陆秤。◀监伍秤，余蚀。▶

一号月山嘴田，计租壹拾贰秤。◀监伍秤拾斤，余蚀。▶｛前田三号共收叁拾秤，折定。｝〔前二号共干收肆秤半〕

一号印山下田，该租贰秤半。◀监叁秤半，余蚀。▶｛监收乙秤六斤。｝〔干收肆秤〕

一号小岭上许坞口，该租叁秤半。◀收足▶｛收叁秤，余让。｝〔收足〕

一号胡家段槐花坵田，计租壹拾叁秤。◀监伍秤贰斤▶｛收七秤，做定。｝〔收柒秤，上二年做定〕

一号羊鹅坑降上田，一半，该租贰拾秤。◀收拾叁秤，因贼偷，众议又让乙秤。▶｛收拾乙秤，余让。｝〔干收伍秤半〕

一号许家住上周家坵田，租壹拾伍秤。◀收拾贰秤，余让。▶｛收柒秤半，余让。｝〔收拾壹秤〕

四保珠字号黄坑坞等处田土名、亩步、租数开后：

一号桂家坞口沿山锭坵界下田一坵，计壹亩陆分，内租玖秤。

一号汪记社住基里外塘贰所（田十一坵，计贰亩陆分陆厘陆毫），内租拾壹秤。〔内除租伍秤原对换茅田降田〕

前二号内，又买西房租陆秤拾斤。佃。◀共租贰拾陆秤拾

---

①从此号至四保珠字号之前，北图万历三年本无，据北图万历二十五年甲、乙本，安图万历顺治本和历史所本录出。

②从此号至四保珠字号之前，安图万历本无。

斤，内除五秤换仁山公茅田降田，实收贰拾壹秤零拾斤，足。▶｛收捌秤，余让。｝〈共收十伍秤半，余让。又买西房前二号，内收伍秤，余让〉〔收拾伍秤，上二年做定〕

一号桂家坞口住畔下末田一坵，计壹亩玖厘，内早租肆秤半。

一号坑外路下沿山长锭坵田一坵，计陆分，内租贰秤。

一号住前坑上沿坑田二坵，计柒分陆厘，内租贰秤。

前三号内，又买西房租贰秤拾贰斤半。佃。◀收足▶｛共收肆秤，余让。｝〈共收拾秤肆斤，余让〉〔收玖秤，余让〕

一号榫树坞口田五坵，又坑下山嘴田一坵（原荒），内早租叁秤。

一号榫树坞口中段横路上田三坵，计柒分伍厘，内租叁秤半。

前二号内，又买西房租叁秤叁斤半。佃。◀收足▶｛收肆秤，余让。｝〈共柒秤贰斤，余让〉〔收柒秤，余让〕

一号柿树湾口沿山长坵田四坵（原山脚成田），内早租贰秤叁斤拾贰两。佃。◀收足▶｛收乙秤，余让。｝〈收壹秤陆斤，余让〉〔收足〕

一号石家大坵及界下官坵田二坵，内该叁分叁厘，内租叁秤伍斤拾两。佃。◀收足▶｛收贰秤，余让。｝〈收叁秤，余让〉〔收足〕

一号芦家坞口田一坵，内早租叁斤拾贰两。佃。◀收足▶｛收贰斤，余让。｝〈收足〉〔收足〕

一号朝山下田一坵，共计贰分伍厘，内租半秤。佃。◀收足▶｛收足｝〈收足〉〔收足〕

一号黄坑塘坞塘一所（该一半），今成田（监收）。佃。◀荒▶｛监收乙秤｝〈荒〉〔收贰秤，上二年做定〕

一号黄坑坞行者亩坵田壹坵（新买栋田），计租玖秤零伍

斤。佃[1]。◀收玖秤，余让。▶｛收五秤，余让。｝〈收捌秤半，余让〉〔收柒秤，余让。以上得一千二百七十六斤七两二〕

五保称字号青真坞等处田土名、亩步、租数开后：

一号陈进住前里外田□坵，计租柒拾秤，鸡三只。佃。〈收陆拾捌秤，余让〉

一号炭灶坞口田五坵，计贰亩，计旱租拾捌秤。佃。

一号炭灶坞头田四坵，计贰亩，计旱租拾捌秤。佃。〈监收二号共八秤陆斤，余蚀〉

一号中坞里中坦田四坵，计旱租玖秤。佃。〈收七秤，余让〉

一号中坞口田一坵，计租捌秤。佃。〈收七秤，余让〉

一号中坞口淡竹山田□坵，计租叁秤。佃。〈收足〉

一号吴云住前里外田□坵，计租陆拾壹秤，鸡三只。佃。〈收足〉

一号青真坞石匣里新垦田二坵，计租□秤。佃。〈计三秤，收足〉

一号柘木坑马培坞□田一坵，计□分，计租贰秤。佃。◀收足▶〈收足〉〔收壹秤壹斤〕

一号柘木坑口田五坵，计柒分，计租拾秤。佃。◀收九秤▶〈收足〉〔收柒秤〕

一号青真坞并端二坞口田四坵，计租拾贰秤。佃[2]。◀前田租，除柘木坑马培坞及柘木坑口二号外，中秋、许秋二家佃。合坞各号租数，承恩堂五房老陈斯文众议，交实租壹百秤，有约。今共收壹百壹拾肆秤整，付中秋、许秋收。▶｛青真坞共

---

①此号田北图万历三年本无，据万历二十五年以后诸本补。

②北图万历三年本无此号田，据万历二十五年以后诸本补。

折实租乙百秤，又新开田租肆秤半。本年共监收陆拾贰秤。｝〈收拾秤，余让〉〔前号共收壹百秤，做定。一买王八大坵，收壹秤壹斤，做定〕

五保称字号王舟山等处田土名、亩步、租数开后：

一号王家住上田三坵，计壹亩伍厘，计租玖拾斤。佃。◀收折伍秤▶〈监柒秤半，余蚀〉〔收肆拾伍斤，上二年做定〕

一号王家住外神林前田五坵，计柒分捌厘，计租壹百伍拾斤。佃。◀收折陆秤半▶｛前二号共收陆秤半，折定。｝〈让半，此行总记在前〉〔收柒拾斤，做定〕

一号红林坞口田一坵，计壹分，计租捌秤半（每秤拾捌斤称）。佃。◀收折玖秤▶｛收五秤，余让。｝〈收折捌秤半，余让〉〔收陆秤，上二年做定〕

一号王舟山田，计租壹秤（买周祥田）①。◀荒。因出蛟，洪水推崩。▶｛荒｝〔收豆租讫〕

◀一收良叶典谷拾秤。

一收扣上年罚赎谷叁拾伍秤。

一收新买良彩王八大坵租壹秤肆斤肆两。▶

五保溪头田承祖并买受字号、土名、亩步、租数各开后。

一五大分垦业并买受田租开后：

称字一百一号内叶家坦田一坵（原地成田），计租伍秤。佃。◀收足▶｛收叁秤，余让。｝〈收足〉〔收足〕

一百六号、八号内石连坵、丈鼓坵（二号田今平②成一坵，共计壹亩），计租拾壹秤。佃。◀收足▶｛收柒秤半，余让。｝〈收足〉〔收足〕

①北图万历三年本和安图万历本均无此号田。

②历史所本和安图顺治本作"开"。

一百六十七号堨头石仓垢田二坵，计壹亩陆分，计租贰拾秤，鸡壹只。佃。◀收足▶｛收拾肆秤，余让。｝〈收足〉〔干收拾壹秤〕

一百八十号内交加坞湾口田二坵（原地成田），内租贰秤，又买叁斤拾贰两。佃。◀监，共分拾伍斤。▶｛三十四年开荒，未交租。｝〈收足〉〔荒〕

一百五十三号承天坞口田四坵，计叁分叁厘，计租叁秤。佃。◀收足▶｛未丈｝〈收足〉〔收足〕

一百六十五号内承天段田二坵，计陆分贰厘，计租伍秤。佃。◀收足▶｛未丈｝〈收足〉〔收足〕

一百六十六号内承天段田一坵，计贰分叁毫，计租贰秤。连前号共鸡壹只。佃。◀收足▶｛未丈｝〈收足〉〔收足〕

一号凤凰坦田□坵，计□□，内租壹秤零叁斤。佃①。◀收足。新买良贵租记后。▶｛收半秤，做定。｝〈收足〉〔收足〕

一东西房相共田租内，东房承祖壹半，并买受西房分籍开后：

称字四十二号枧头田一大坵，原地成田。

四十四号羊角坵田一坵，计贰分柒厘叁毫。

四十六号内汪留保住前田一坵，计壹分肆厘壹毫。

四十七号住前山坞口荒塘壹所，田二坵，计田塘伍分伍厘。

五十号汪留保门下田壹坵，计叁分壹厘玖毫。

五十三号杨家坦田五坵，计肆亩壹分壹厘。

五十四号同处路下田四坵，计柒分贰厘壹毫。

五十五号行路下田五坵，计肆分肆厘肆毫。

①北图万历三年本无此号田，据万历二十五年以后各本补。

五十七号路边汪六住前田一坵，计陆分肆厘捌毫。

五十九号内葫芦坵田一坵，计玖分肆厘壹毫。

六十号下塘坞口田一坵，计伍分。

六十一号窑坵田一坵，计玖分捌厘。

六十二号八亩段田四坵，计壹亩贰分贰厘伍毫。

六十四号八亩段田一坵，计壹亩零伍厘。

六十六号内同处月坵田一坵，计捌分五厘肆毫。

六十八号八亩段田一坵，计捌分肆厘肆毫。

六十九号同处田一坵，计捌分肆厘肆毫。

七十三号圣主庙下田三坵，计叁分壹厘肆毫。

七十四号同处厂头田五坵（原地成田），计壹亩肆分陆厘。

七十五号黄土岭背田八坵，计捌分。

一百二十三号南山下田六坵，计壹亩肆分柒厘玖毫。

一百二十四号李家住前田一坵，计壹分贰厘。

一百二十七号李家住湾田一坵（原地成田），计玖分陆厘。

一百二十八号李家住畔田一坵（原地成田），计玖分捌厘。

一百三十三号来富住基田一坵，计柒分叁厘捌毫。

一百三十五号程公三住后坞田一坵（原地成田），计柒分捌厘。

一百四十一号血茶坑口上田二坵，计肆分柒厘伍毫。

一百四十二号血茶坑口田三坵，计贰亩柒厘。

一百四十六号南源坞田，计壹亩陆分贰厘壹毫。

一百四十七号同处田，计壹亩肆分肆厘叁毫。

一百四十八号南源坞三号，共田五坵，计贰亩捌毫。

一百五十一号、二号承天坞口田四坵，计贰亩捌分伍厘陆毫。

一百五十五号承天坞口田一坵，计壹亩肆分壹厘贰毫。

一百五十七号林家住下路上田二坵，计壹亩叁分贰厘玖毫。

一百七十一号观音堂前溪边田一坵，计贰分捌厘肆毫。

一百七十五号深水坵田一坵，计壹亩贰分叁厘叁毫。

一百七十六号观音堂前田二坵，计贰亩叁分玖厘陆毫。

一百七十七号黄土墈田四坵，计贰分伍厘捌毫。

二百三号庙下北乂口田五坵，计壹① 亩叁分伍厘伍毫。

前各号田共租叁百伍拾陆秤，与西房相共，东房该租壹百柒拾捌秤。又买受西房铺租拾肆秤拾贰斤半，滴租柒秤陆斤肆两。

一内买良贵田，计租壹秤。② ◀收足▶｛收乙秤｝〔收足〕

一内买秋元田，计租贰拾秤。◀收足▶｛收玖秤，余让。｝〔收足〕

一内买汪玉泉田，计壹拾捌秤。◀收足▶｛收柒秤，余让。｝〔收足〕

上庄汪留保等佃前项田土名、租数开后：

羊角坵、住前、杨家段、窑坵、葫芦坵、下塘坞、路边、八亩段、行路上下，共租壹百贰拾秤，共租鸡陆只。

枧头，早租陆秤。

黄土岭背，租捌秤。

圣主庙下，租拾秤。

北乂口庙下，租肆拾肆秤，租鸡贰只。

前项田租共壹百捌拾捌秤，汪留保等佃东房壹半，该交租

①万历二十五年以后诸本皆作“肆”。

②从此号田至“买汪玉泉田”的三号田，北图万历三年本和安图万历本均无，据北图万历二十五年甲、乙本和历史所本、安图顺治本补。

玖拾肆秤，租鸡肆只。又该交买受西房分籍租壹拾壹秤壹拾壹斤肆两。◀前田原因水推，让租壹秤，本年承恩堂议让：汪元寿名下让伍秤，刘梓寿名下让壹秤拾伍斤，汪元具名下让半秤，汪夏寿名下让伍斤。除众议让外，实收玖拾柒秤零四两。▶｛前号内共收八十贰秤，余让。｝〈收足。一百零五秤十一斤四两，因水推，议让一秤。三百零五秤十一斤。〉〔收足。内水推，上二年减去贰秤〕

下庄林天生等佃前项田土名、租数开后：

观音堂前、深水坵、溪边堨头、黄土塝，共租肆拾捌秤，租鸡贰只。

承天坞口、血茶坑、林家住下、来富住基、南源坞、李家住畔，共〔秤〕（租）壹百贰秤，共租鸡肆只。

前项田租共壹百陆拾捌秤，林天生等佃东房壹半，该交租捌拾肆秤，租鸡叁只。又该交买受西房分籍租壹拾壹秤半。◀承恩堂众议让：深水坵王社毛名下让肆秤半。观音堂王秋毛名下让伍秤半。汪贞富名下让叁秤。汪腊富名下让壹秤伍斤。除让外，实收捌拾壹秤零四斤。▶｛前号内共收肆拾贰秤，余让。｝〈收足。又收林家住前租伍斤，因去路成田〉〔收捌拾陆秤〕

一五大分买受西房载熙公秩下分籍田开后：

三十二号土名张家坞口下山溪边田二坵，计伍分，计租伍秤。

一号土名汪家住上行路山边田一坵，计租半秤。

四十三号内土名枧头田一坵，计壹分肆厘捌毫。

四十五号内汪留保住前田二坵，计叁分柒厘柒毫。

四十六号内汪家住前溪边田一坵，计柒厘壹毫。

前三号共田伍分玖厘陆毫，计租肆秤。

九十三号宋家坞口下山溪边田伍坵（原荒田伍分），计租叁秤半。

九十四号黄土坑高田壹坵，低田伍坵（原荒田壹亩贰分伍厘），计租拾秤。

一百一号内叶家坞田六坵（原地成田），计租柒秤。

一百一号内同处下仍山油麻坵田一坵，计租肆秤。

一百二号叶家段田二坵，计玖分，计租玖秤。

一百六号内石连坵田一坵，计伍分，计租伍秤。

一百八号内小黄泥坵田一坵，计肆分，计租肆秤。

一百十二号葫芦坵，又名直坵，田二坵，计壹亩陆分，计租拾陆秤。

一百十四号亩塘段行路下溪边田二坵（原田肆分贰厘，水推），计租壹秤。

一百五十三号承天坞口田二坵，计叁分叁厘，计租叁秤。

一百五十九号林家住前路下田二坵（计柒分壹厘柒毫），计租陆秤。

一百六十三号横路上方坵田一坵（计壹亩叁分壹厘玖毫），计租贰拾秤。

一百六十五号内承天段田二坵，计陆分贰厘，计租伍秤。

一百六十六号内同处界下一坵，计贰分伍厘，计租贰秤。

一百八十号内交加坞湾口田二坵（原地），计租壹秤。

前各号内田共计租壹百零伍秤拾贰斤。五大分　买受绾陆分中合得壹分，计租拾柒秤玖斤半。◀收足▶｛前号内共收九秤，余让。｝〈收足〉〔收足〕

一内凤凰坦胡田二号，计租伍拾伍秤①。◀收叁拾陆秤，上年议租肆拾秤，余让。一林家住前租伍斤，收足。一买光保

①北图万历三年本和安图万历本均无此号田，据北图万历二十五年甲、乙本和安图顺治本补。

租壹秤，收足。▶｛收贰拾伍秤，余让。一买光保租乙秤，在前号内收。一买宋家山租五斤，荒。｝〔收折叁拾肆秤，上二年做定。一收新买光保田壹秤。又林家住前，荒〕

一五大分买受西房载兴公秩下分籍田开后：

二十五号内张家坞口上坦上田四坵，内租叁秤。

五十一号内上塘坞田四坵，计叁分，计租叁秤。

五十六号胡坵田一坵，计玖分肆厘，计租玖秤。

五十九号内葫芦坵界下，俗名狂坵，田一坵（计捌分肆厘），计租柒秤半。

六十三号八亩段田一坵，计壹亩柒分叁厘捌毫，计租拾贰秤半。

六十五号同处各半坵田一坵，计捌分柒厘伍毫，计租柒秤半。

六十六号同处月坵界下溪边田一坵，计壹亩，计租捌秤半。

九十四号宋家山田捌坵，计荒田壹亩零，计内租叁秤。

一百七号内叶家坦石连坵田一坵，计壹亩，计租玖秤。

一百十三号亩塘段狂坵田一坵，计壹亩陆分柒厘柒毫，计租拾叁秤。

一百八十号内交加坞湾口田二坵（原地捌厘），计租壹秤。

一百九十三号内凤凰段下末坵田二坵，计陆分捌厘，计租陆秤。

二百四十七号内北乂口田三坵，计租陆秤。

前各号内田共计租捌拾玖秤。五大分买受滴拾贰分中合得壹分，该租柒秤陆斤肆两。◀收足▶｛前号内共收五秤，余让。｝〈收足〉〔收足〕

七保项源田承祖并买受字号、土名、亩步、租数各开后。

一五大分买受田租开后：

【以下项源柜树弯各号承祖遗额，承佃[1]于中，自无私卖等情】

光字一千六十六号柜树湾凌辉乞住上田一坵，计贰亩柒厘。

一千六十八号同处界上田三坵，计贰亩伍分壹厘。

一千七十五号内同处行路界下田六坵，计贰亩柒分柒厘。

前三号田共租柒拾伍秤（拾捌斤称），鸡贰只。佃。◀收折柒拾玖秤柒斤，足。▶｛前三号共收伍拾乙秤，余让。｝〈收折柒拾玖秤柒斤一两四钱三分〉〔收折柒拾伍秤，余让〕

周家山田十二坵，许家柄田一坵，纸皮坵田一坵，柿树背田二坵，中臼坑口田三坵，住前山下段中田七坵，石印坵下段田三坵，三角坵田一坵，石溪里Master头路下田一坵，桥头横路上田一大坵。

前十号田共该分租拾贰秤（系买受沙湾方榕分籍），鸡一只[2]。又买方治、方天仁、方应分租贰拾柒秤捌斤半，鸡□只。佃。◀收叁拾玖秤，余让。▶｛在前号内收。｝〈收叁拾捌秤，余让。陈家佃〉〔收足〕

一号黄沙坞口沿山里田一坵（该一半），分租壹大秤。佃。◀收折壹秤叁斤，足。▶｛收乙秤。｝〈收二十斤。荒〉〔收足〕

一号双坑口田一坵，计租叁秤。佃。◀收贰秤半▶｛收乙秤半，做定。｝〈让一秤，收贰秤〉〔收足〕

一号柜树湾桃树岭下凌家住前水口等处，分租贰拾叁秤半（贰拾斤称）。佃。◀收折贰拾肆秤拾壹斤，余让。▶｛收贰

---

①原作“呈电”。

②从此号至“中旧坑田”，北图万历三年本无，据北图万历二十五年甲、乙本及历史所本与安图顺治本补。

拾贰秤，余让。｝〈收折贰拾贰秤十三斤半。十八斤称。余让〉〔收折贰拾壹秤，余让〕

一号田尾坞田□坵，计租拾壹秤。佃。◀荒▶｛荒｝〈监肆秤，余蚀〉〔荒〕

一号王田冲田二坵，计租肆秤半。佃。◀收叁秤▶｛收贰秤，做定。｝〈廿年程链等抵家让乙秤半，收叁秤，余让，铁匠佃〉〔收贰秤，上二年做定〕

一号许家岭下田□坵，计租拾贰秤（贰拾斤称）。佃。◀收折拾秤▶｛收捌秤，做定。｝〈欠三斤，收折拾贰秤，余让。谢顺佃〉〔收柒秤，上二年做定〕

一号王南山下田□坵，内租拾斤。佃。◀收伍斤▶｛收五斤，余让。｝〈收五斤，余让。福寿佃〉〔收伍斤〕

一号杨树塌唰头田□坵（买铿田），计租壹秤。佃。◀荒▶｛水推｝〈荒〉〔水推〕

一号项家岭下田□坵，计租捌秤半。佃。◀收柒秤▶｛收柒秤半，做定。｝〈收陆秤半，干五秤，余让。胜得佃〉〔收柒秤，上二年做定〕

一号榉木湾桃树岭下田□坵（买鲁田，十八斤称），计租陆拾贰秤，鸡壹只。佃。◀收折伍拾秤零拾肆斤。▶｛收伍拾乙秤，余让。｝〈十七斤称外，让乙秤半，收折伍拾陆秤二斤，余让。伏十五秤在凌仓〉〔收折伍拾肆秤，做定〕

一号同处枫树坞口等处田肆坵（买鲁田），计租捌秤。佃。◀荒▶｛荒｝〈荒〉〔荒〕

一号磔下鱼塘坵田，该租肆秤①。◀荒，因抛荒投里征租壹秤。▶｛收贰秤，做定。｝〔收贰秤，上二年做定〕

一号田尾坞田，该租叁拾斤。◀收壹秤▶｛收乙秤，余

①从此号至"中旧坑田"的三号田，安图万历本无。

让。}〔收足〕

一号中旧坑田，该租伍秤（买浩田）。◀收叁秤半▶{收叁秤，余让。}〔收叁秤，做定〕

一东西房相共田租内，东房承祖一半，并买受西房分籍开后：

一千一百六号杨树塥低垄田六坵，计贰亩捌分捌厘伍毫。

一千一百七号汤三坵田二坵，计贰亩伍分陆厘玖毫。

一千一百八号同处田一坵，计贰分肆厘。

一千一百十一号汤四坵田四坵，计贰亩捌厘伍毫。

一千一百二十七号宋家山上边田二坵，计壹亩伍分。

一千一百二十八号宋家山坟下边田二坵，计陆分壹厘。

一千一百二十九号同处田三坵（原地成田），计伍分贰厘玖毫。

一千一百三十一号同处田二坵，计叁分柒厘伍毫。

一千一百三十二号宋家山田三坵，计肆分肆厘。

一千一百三十五号同处田一坵，计贰分肆厘。

一千一百五十三号住前田一坵，计伍分柒厘壹毫。

一号同处界上田一坵（原地成田），计叁分伍厘。

一千一百五十四号路下溪边田四坵，计壹亩柒分陆厘。

一千一百五十八号汪住保见住基田二坵，计壹亩壹分伍厘肆毫，外地肆厘贰毫。

一千一百八十一号磜下王田冲田二坵，计捌分柒厘玖毫。

一千一百二十四号柿树背及杨树塥头田，共叁分（俱水推损）。

一号内磜下汤子坑口路边长坵田二坵，计陆分。

前各号田共计租壹百肆拾玖秤伍斤，与西房相共，内东房承祖一半，计该租柒拾肆秤拾斤。又买受西房馆租陆秤叁斤陆两，镜租叁秤壹斤拾壹两，启租陆秤叁斤陆两，谟租肆秤拾斤壹两，梦霓租叁秤壹斤拾壹两，三寿租壹秤捌斤陆两，共计买受分租贰拾肆秤拾叁斤玖两。

汪住保兄弟并万保佃前项田土名、租数开后：

杨树塌垄，汤三坵，汤四坵，溪边路下，住保、万保等住基田，宋家山，住前山下，共租壹百叁拾秤，共租鸡肆只。

王田冲、杨子坑口共租壹拾陆秤。

柿树背、杨树塌头共租叁秤伍斤。

前项田租共壹百肆拾玖秤伍斤。汪住保兄弟佃东房壹半，该交租柒拾肆秤拾斤，因造横屋减租肆秤，实交租柒拾秤拾觔，租鸡贰只。万保佃西房壹半，内该交东房买受分籍租贰拾肆秤拾叁斤玖两，租鸡壹只。内又新买程祯田计租玖秤玖斤，租鸡交银贰分伍厘，除常例在外①。◀收足▶｛前号内共收九十六秤。｝〈收共玖拾伍秤，余各让〉〔收足〕

一五大分买受西房载熙公秩下分籍田租开后：

一号宋家山田一坵，计壹亩壹分伍厘，计租拾秤。〈记保佃〉

一号陈家住上田一坵（原荒地成田），计租拾贰秤。〈记保佃〉

一号小石磔坞田四坵（原山脚成田），计租捌秤。〈荒〉

前三号田共租叁拾秤，内五大分买受馆租伍秤，镜租贰秤半。佃。◀收伍秤，余让。▶｛共收伍秤半，余让。｝〈收五秤〉〔收叁秤，余荒〕

一号陈家住上及喞头过水坵田二坵（原山地成田），计租拾伍秤。

前号内买受馆租贰秤半，镜租壹秤叁斤拾贰两。◀收叁秤

①从“内又新买程祯田”至此，北图万历三年本无，据万历二十五年以后诸本补。

拾斤，余让。▶{共收十叁秤。}〈收叁秤十二斤四两。福得佃〉〔收足〕

一号程东坑黄沙坞田□坵[1]（买淳、洤兄弟田）。内租贰秤零陆斤。佃。◀收壹秤，余让。▶{收乙秤半}〈收拾斤，余让。胜得佃。荒〉〔收壹秤，上二年做定〕

一号汤子坑洪下田□坵（买程文田），计租贰秤。◀收壹秤肆斤▶{荒}〈收乙秤二斤。程文佃〉〔收足〕

八保项源果字号磜下等处田土名、亩步、租数开后：

一号七亩段厂头田二坵，计肆亩伍分，计租肆拾秤，鸡壹只。佃。◀原减四秤，收叁拾陆秤。▶{收叁拾叁秤，余让。}〈收叁拾伍秤半，余让，铁匠佃〉〔收叁拾陆秤，上二年做定〕

一号七亩段末田二坵，计贰亩，计租拾陆秤，鸡壹只。佃。◀收拾伍秤▶〈陈祖佃〉〔收足〕

一号同处田二坵，计壹亩陆分（万历三年买），计租贰拾贰秤。佃。◀收贰拾秤，余让。▶{前二号共收叁拾陆秤。}〈前二号共收叁拾秤，鸡一只，余让。陈祖佃〉〔收足〕

四十三号内汤子坑口路边长坵田二坵，计陆分，计租捌秤（又买肆秤半，又买佛保壹秤拾肆斤）。佃。◀收拾肆秤，余让。▶{收拾叁秤}〈收拾贰秤六斤，余让。铁匠佃〉〔收拾贰秤半，余让〕

一号项坑方同门前田□坵（小塘一眼），内租壹拾叁秤拾伍斤（贰拾斤称）。佃[2]。◀监捌秤，余蚀。▶{收拾秤，做定。}〈收折拾叁秤，余让。程胜佃〉〔收拾秤〕

---

①此号和下一号“汤子坑洪下田”，北图万历三年本无，据万历二十五年以后诸本补。

②此号与下一号“七亩坦田”，北图万历三年本无，据万历二十五年以后诸本补。

一号七亩坥田□坵，内租伍秤（贰拾贰斤称）。佃。◀收折陆秤捌斤，足。▶｛收肆秤，余让。｝〈收折肆秤拾肆斤，余让。程胜佃〉〔收足，一收溪边田租壹秤〕

七保光字号章溪等处田土名、亩步、租数开后：

一号黄狗岭田地山（俱是本家己业，因慎庵公与程彙和秀才读书至厚，窦山公批取田地山一半送彙和秀才①。后彙和转卖与林文显，后林文显止将契内山卖与戴求保，后求保转卖与方齐。今山本家②与方齐共业，田地仍与林③文显子孙共业。其山里至上坞口上塔直上至降，外至行④岭）。后程文祥买受林建分截，亦转卖与窦山公业。⑤

前号田内租拾柒秤（因水推减壹秤），鸡壹只。佃。◀收拾秤，上二年做租。▶｛收玖秤，余让。｝〈监折陆秤三斤，余蚀〉〔收捌秤，原做复让〕

一百九十三号蒋村小肠坵田一坵，计伍分捌毫，内租叁秤。佃。◀收折贰秤陆斤半足。▶｛收贰秤半，余让。｝〈收足〉〔收足折〕

一号齐岭下田六⑥坵（鸡⑦三年壹只），内租肆秤柒斤。佃⑧◀收折叁秤拾贰斤▶｛收叁秤，余让。｝〈收三秤三斤，

①北图万历二十五年甲、乙本和安图万历本“送”字下有一“之”字，而无“彙和秀才”四字。

②北图万历二十五年甲、乙本和安图万历本无“本家”二字。

③北图万历二十五年甲、乙本和安图万历本无“林”字。

④北图万历二十五年甲、乙本和安图万历本“行”字下有一“路”字。

⑤历史所本和安图顺治本从“后程文祥”至此无。

⑥北图万历二十五年甲、乙本和安图万历本无“六”字。据历史所本和安图顺治本补。

⑦历史所本和安图顺治本作“奚”，“奚”即鸡，有时也写作“酉”。

⑧从此号至十保李字号之前的三十八号，北图万历三年本无，据万历二十五年以后诸本补。

余让〉〔计税七分五厘。收足〕

一号江村沙坵益坵泥长坵田□坵，买漳田，内租拾秤半（拾伍斤称），鸡半只。佃①。◀收折捌秤拾肆斤，余让。▶｛收肆秤半，余让。｝〈收柒秤半，余让〉〔收柒秤〕

一买受云公秩下章溪等处田地租数于后：

一号江村石礤坑田□坵，计租壹秤。

一号望母坵田□坵，计租伍秤叁斤拾贰两。

一号行路下田□坵，计租肆秤半。

一号柿母崟田□坵，计租伍秤。

一号明郎屋基田□坵，计租捌秤零壹斤。

一号冢林背田□坵，计租壹秤半。

一号茶培坑田□坵，计租贰秤。

一号门前崟上田□坵，计租叁秤半。

一号竹匠门首田□，计租肆秤半。

一号二十坵田□坵，计租贰秤半。

一号马舍坞田三坵（又荒地四十步，内云分十三步四分）②计早租伍秤。

一号大苎园田四坵，计租伍秤玖斤。

一号同处田四坵，◀鸡半只▶，计租陆秤拾叁斤半。

一号大苎山田九坵，计早租贰拾秤（内买程桥壹半，云公壹半）。

一号同处田七坵，计租伍秤叁斤拾贰两。

一号啫里田四坵，计租贰拾贰秤（内减壹秤），鸡壹只。

一号沿山坵田叁坵（内荒壹坵），计租贰秤。

一号棖杆坵田□坵，计租捌斤。

---

①历史所本无此号田。

②括弧内文字历史所本缺，据安图顺治本补。

一号窟坵田□坵，计租贰秤伍斤。

一号塘里田一坵，计租贰秤拾斤。

一号陷泥坵田一坵，计租壹秤叁斤。

一号胡溪岭下（汪婆坞口、葫芦坵、井坵、塈上并小坵），共租玖秤叁斤，鸡壹只。

一号叶垄坑（口上并大坵、中段、辛田坞口），共租贰拾秤半，鸡一只。

一号同处庙前并庙上田四坵，计租捌秤。

一号坤堂田二坵，计租叁秤。

一号金盘坑磜上田九坵，计租贰拾捌秤，鸡贰只。

一号同处磜下田四坵，计租柒秤。〈卅五年减五秤〉

一号炭灶坞岭下并溪边田七坵，计租肆秤半。

一号竹林坞合坞田，庄基地在内，计租肆拾秤零叁斤（外减叁秤），鸡贰只。

一号杨树垄田□坵，计租壹秤半。

前各号内田共计租贰百叁拾陆秤叁斤，五大分买受程桥拾秤，又买鍊分租贰拾捌秤肆斤伍两，又买周元兄弟共租叁拾柒秤拾斤半，又买浐叶垄坑、金盘坑二处租壹秤零伍斤拾贰两半。◀共收折壹佰零捌秤伍斤。▶｛前号内共收八十四秤，余让。｝〈前各号内共监折五拾八秤七斤，余蚀。其前田租数与云相共，窦①山公得一半〉〔监并收共叁拾伍秤，余荒〕

一号江村竹匠住基地屋一所（内买鍊、周元兄弟分截），计租银□□，鸡壹只。

一号江村佛啫里田□坵，计租壹秤半。

一号大苎山田□坵，计租肆秤。

一号同处田□坵，计租叁秤。

①原作“豆”，意改。

一号梨长坵□坵，计租肆秤半。

前四号田，内买浒租壹秤叁斤拾贰两(十二分中该一分。)◀收折壹秤壹斤。▶{共收乙秤半，余让。}〈收七斤四两，余蚀荒〉〔收陆斤半〕

十保李字号岩山下等处田地土名、亩步、租数开后：

三百六十六号许家段田一坵（系许节保住畔溪东），计壹亩壹分壹厘玖毫（东塝，西溪，南、北田）。

一号同处界下田一坵，计伍分。

前二号田共租拾贰秤（每秤拾捌斤净称）。佃。◀收折拾贰秤，余让。▶〔收足〕

一号许家住后菜园地共七坵（东、西路，南墙及自地，北至大栗树止），计租银，佃。

一号许家住下墙外地五块。又墙内高地一块，计租银，佃。

一号许家坦店前田畔上地拾贰块，计租银，佃①。

一号许家坦塘坑坞，新丈玖百肆拾陆号（计陆拾壹步，田一坵）。

同处玖百肆拾柒号田叁坵，计陆百零壹步。

前二号共租贰拾捌秤（贰拾斤称）。佃。◀收折叁拾壹秤贰斤，余让。▶〔收足〕

一号许家坦水埠头硼田计一坵（前三号田系地对换），计租贰秤（贰拾斤称）。佃②。◀收折贰秤陆斤，足▶〈共收贰拾玖秤零五斤〉〔收足〕

一都四保胡良田各号土名、亩步、租数开后：

---

①从“许家住后菜园地”至此，万历二十五年以后诸本均无。

②从“许家坦塘坑坞”至此，万历三年本无，据万历二十五年以后诸本补。

一号朱乞孙门前下横塍田一坵（三分中该一分，计捌分柒厘），内租捌秤拾肆斤半（每秤贰拾斤称。后三号同）。佃。◀监柒秤，余蚀。▶〈收折八秤四斤，余让〉〔收捌秤，余让〕

一号住前山塥头田一坵（三分中该一分，计贰分），内早租贰秤。佃。◀收折贰秤陆斤，足▶〈收折乙秤十五斤，余让〉〔收贰秤，余让〕

一号朱家坟前田一坵，计壹亩叁分，计租拾壹秤。佃。◀监玖秤陆斤，余蚀。▶〈收折拾乙秤，余让〉〔收玖秤，又二分四钱〕

一号程家坞口六亩坵田一坵（计贰亩贰分，该一半，又买钏分籍），计租拾壹秤拾捌斤肆两。佃。[1]◀监拾肆秤，议定冬至前五日交银捌钱肆分整，余蚀。▶〈监拾贰秤，余让。傅再保佃。汪记保赊二秤。发二秤付□。需六秤付古头。发一秤扫仓。需捌秤付接祖店。发谷八斤支米。催兴赊需二秤。生谷十二秤作银一两，现钱二分贰需二□。发谷十秤付毛乞木匠。发谷十三秤内需四秤。借弟云需五秤。兴毛侄六秤。同祥侄奚谷六秤。又六秤。发谷三十秤付□□。现二秤十三斤得钱八分五厘八□。发一钱一分五厘索面十一斤。□□□去需二十四秤，共八十六秤，外二钱捌分。去谷十五秤付洁弟贴赎，外一秤□。收得兴孙银四钱九分二厘，九秤六斤。收银三钱二分。去谷四秤十斤半，在仓二十四斤。明祥侄八秤。季弟八秤。支二秤半换布〉〔收拾贰秤〕

五都四保丽字号韩村田各号土名、亩步、租数开后：

巨字号大塍上方村界厂头田一坵，计壹亩伍分，计租贰拾叁秤（监收），鸡壹只。佃。◀监伍秤贰斤▶〈监柒秤，余

---

①万历二十五年以后诸本均无从“该一半”至此一段文字，而有“计租贰拾贰秤”六字。

让〉〔收柒秤，上二年做定〕

丽字二百号大塍下枫树底（第一坵，又高田一小坵，计叁亩叁分柒厘伍毫），计租伍拾壹秤。佃。◀监贰拾肆秤半▶〈监贰拾秤，余蚀〉〔收叁拾肆秤半，上二年做定〕

同号第二坵田一坵，计贰亩柒分伍厘肆毫，计租肆拾陆秤。佃。◀收监叁拾玖秤▶〈收叁拾乙秤，余让。积旺佃〉〔收叁拾肆秤，上二年做定〕

一号大塍下山边田一坵，计陆分，计早租伍秤。佃。◀监贰秤拾贰斤▶〈监叁秤，余蚀〉〔收壹秤，上二年做定〕

二百二十三号高岸名五亩里田一坵，计壹亩捌分叁厘贰毫。

二百十五号同处田一坵，计陆分伍厘。

二百十六号同处田一坵，计贰亩肆分伍厘捌毫。

前三号田共计租柒拾捌秤。佃。◀监贰拾伍秤半▶〈共监肆拾九秤，余蚀〉〔收肆拾肆秤，做定〕

二百三号旧住基横路上田一坵，计贰亩，计租叁拾伍秤。佃。◀监拾叁秤▶〈监贰拾秤零十乙斤，余蚀〉〔于收玖秤〕

二百四号、五号旧住基前田一坵，计贰亩玖分肆厘陆毫，计租叁拾玖秤。佃。◀收叁拾陆秤▶〈收叁拾乙秤，余让。于保佃〉〔收叁拾伍秤〕

二百六号、七号吕家门前田一坵，计叁亩玖分玖厘贰毫，计租陆拾秤。佃。◀收肆拾捌秤▶〈议减租十二秤，收足〉〔收肆拾陆秤〕

二百九号新住基前田一坵，计陆分，原议租玖秤。佃。◀监拾秤半▶〈收柒秤半，余让〉〔收拾捌秤〕

二百三十一号方坵田一坵，计贰亩伍分贰厘玖毫，计租肆拾秤。佃。◀收叁拾秤▶〈收叁拾乙秤半，余让〉〔收贰拾秤〕

二百三十七号窟坵田一坵，计壹亩柒分壹厘柒毫，计租叁拾秤。佃。◀收贰拾柒秤▶〈收贰拾肆秤，余让〉〔干收贰拾秤〕

二百二十二号茔墣下山田一坵，计叁亩壹分肆毫，原租肆拾陆秤。佃。◀水推，监叁秤贰斤▶〈监拾秤，余蚀〉〔干收早叁秤〕

一百九十二号方家住下田二坵，计贰亩贰分，计租叁拾陆秤。佃。◀监拾柒秤叁斤▶〈其田直至方家坪小路止。监拾陆秤，余蚀〉〔收贰拾叁秤，上二年做定〕

一号旧住基田一坵，计柒分柒厘陆毫，计租拾贰秤。佃。◀造屋▶〈收玖秤，余让〉〔造屋〕

一号冢林前田一坵，计壹亩壹分零，计租拾柒秤，鸡半只。佃。◀监陆秤▶〈监八秤五斤，余蚀〉〔干收叁秤〕

一号方家住畔大墣上低泷（田一坵，原塞堑成田，计壹亩贰分玖厘肆毫），计租贰拾秤。佃。◀收贰拾秤▶〈内有一小角高坵亦在其田内。收拾捌秤，余让〉〔收拾捌秤〕

一号高大坵田一坵，计壹亩，计租拾伍秤。佃。◀收拾壹秤▶〈收拾贰秤七斤，余让〉〔收捌秤，上二年做定〕

一号方家住前大墣下低泷（田二坵，原塞堑成田，计贰亩玖分叁毫），计租肆拾伍秤。佃。◀收肆拾叁秤▶〈收叁拾陆秤半，余让〉〔收叁拾秤〕

一号上湖大长坵田一坵（原塞堑成田，计叁亩叁分捌厘柒毫），计租伍拾贰秤半。佃。◀收足▶〈收足〉〔收足〕

一号中湖大长坵田一坵（原塞堑成田，计叁亩叁分捌厘柒毫），计租伍拾贰秤半。佃。◀收足▶〈收足〉〔收足〕

一号下湖大长坵田一坵（原塞堑成田，计叁亩叁分捌厘柒毫），计租伍拾贰秤半。佃。◀收足▶〈收足〉〔收足〕

一号小长坵猫儿坣田二坵（计叁亩伍分贰厘），计租伍拾贰

秤半（因去塍一截成田，加租贰秤，后因造屋取路，复减壹秤）。佃。◀收足伍拾壹秤半▶〈收肆拾玖秤，余让〉〔收足〕

一号榧坑口田□坵，计壹亩叁分，计早租拾叁秤，又买宗洢、良稷兄弟拾叁秤①。佃。◀监陆秤半▶〈监捌秤，余蚀〉〔干收陆秤〕

一号猫儿凼塍头田壹坵，计租贰秤。佃②。◀监拾伍斤▶〈收壹秤，余让〉〔收壹秤，上二年做定。收黄租柒秤〕

各处基地并园地土名、亩步开具于后：

一号正堂住后地壹拾伍步（原买仁分浚地）。

一号住后下坞山地叁块。

一号中村书院祠堂地，计贰亩。

一号书院前园地（系仁、义、智三分地，买受铅、鋂分籍③。）

一号案山墙外地壹块。

一号杨坑百花园坟前地伍分。

一号青龙嘴转角地壹块。

一号住前溪边铺基地（原塘填成地造铺，众存壹间，余拾间，五房浮分管业）。计租银。

一号庵口前汪可住上厥地贰块，计租鸡壹只（中元祀神用）。佃。

一号汪可住基并高塝园地壹块，计租银。

一号汪可住前截地（系程富孙见货店基），计租银。佃。

一号在城寓宅，嘉靖四十二年二月间，县主孙为起造常平仓查理官地，令保长方儒、周桥查理，方正潘定丈量，亲注图

①北图万历三年本无“又买宗洢、良稷兄弟拾叁秤”一段，据万历二十五年以后诸本补。

②北图万历三年本无此号田，据万历二十五年以后诸本补。

③万历二十五年以后诸本此句作“系仁、义、智三分地，众买受错、鋂、镗、涞、洪周孙分籍”。

式，卷案可查。草图廷器收。图式具后。

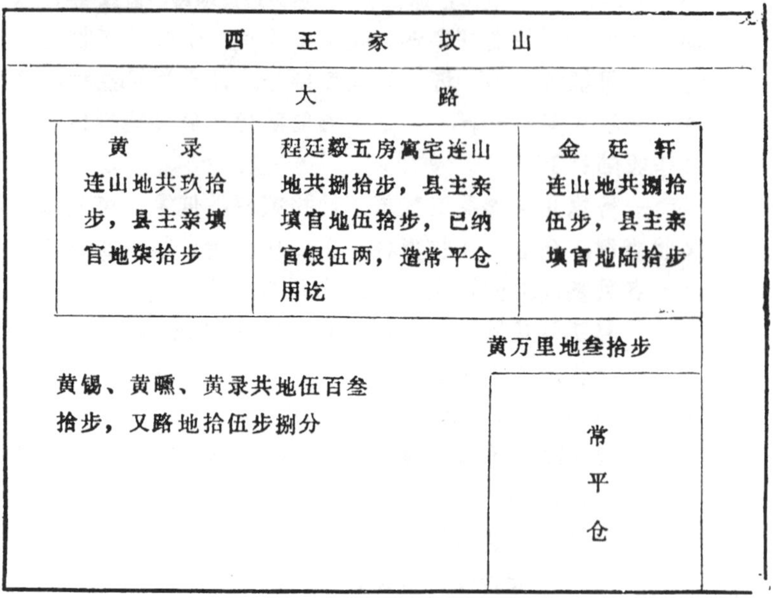

一号汪村园路边柿树下地壹块，计银租。佃。◀因荒无租▶

一号羊鹅坑五保坞金坞坦地。

一号杨树坦里外湾坦地壹片。

共计租鸡贰只（请接管交帐用）。佃。

一号溪头观音堂地共计柒分。

一号观音堂边地，计叁分（连前号地，嘉靖四十二年重立租约，王祖交银叁钱陆分，王富交银贰钱陆分。前项租银，五大分该银肆钱壹分贰厘。载①兴公分该银贰钱六厘）。

一号仁山公墓前白虎山嘴地壹块，计租鸡壹只（墓祀用）。佃。

一号仁山公朝山脚凤凰坦外边地贰块（嘉靖三十六年王银保重立租约，每年交租银贰钱肆分。五大分该银壹钱贰分。载②兴公分该

①②原作“再”字，音近而误，应作载，意改。

银壹钱贰分。原有阄分合同系铤收）。

一号青真岭外庄地贰块（原系吴琮住基），计租。佃。〔迭年交九三银陆钱柒分伍〕

一号项源佛塔坞坦地壹片，计租。佃。〔迭年交八色折课银贰钱伍分叁厘〕

一号章溪江村坦地，计租鸡壹只（墓祠用）。佃。

一号薛家段方家坦地壹片（东路，西山，南墙、地，北塍头）。计租银。佃。

一号正堂东边庇荫大塘一所，计租银。

一号溪边地壹片，系一千六百五十八号、九号（买刘地，买育得塘，今填成地）。

一号章溪江村土名胡多住基地壹备①，计地（其地窦②山公己该三股之二，仁山公三股之一。买受汪广祖地新造庄屋乙所。窦③山公己造一半军庄，仁山公己造一半。现今胡琴保居住）。

一号横塍地壹块（东月山，西、北路，南塘）。④

各处田地租鸡存分开具于后（每只计租秤壹斤拾贰两）：

韩村方英等四佃共鸡拾只半（众存五只，冬至祠祀用。余分）。

方村方记鸡贰只（分）。

林村潘新富粉壁坦鸡壹只（分）。

胡、潘二佃三亩坵共鸡壹只（分）。

下村叶住鲤鱼塘鸡壹只（分）。

中村张寿、乞保共鸡肆只（众存贰只，生忌祠祀用。贰只清明杨坑墓祀用）。

---

①“备”为徽州文契中常用的一个量词，多指地块。

②③原作“豆”，意改。

④从“溪边地壹片”至此，北图万历三年本无，据北图万历二十五年甲、乙本，历史所本和安图顺治本补。安图万历本无“横塍地壹块”五字。

塘坑鸡贰只（分壹只，宰壹只奠祠）。（梓木坑一只）

书院前菜园地（仁、义、智①三分地，内买铅、铸分籍，六年轮该租鸡壹只）。

杨坑汪金富、汪毛共鸡肆只（众存，清明杨坑墓祀用）。

下马坵鸡壹只（宰，奠墓）。

上坳朱辛洪岸塘鸡壹只（分）。

桂寿等冷水坞鸡壹只（分）。

桂元保洪岸塘下段鸡壹只（众存，清明杨坑墓祀用）。

黄坑坞汪记社等月山嘴下鸡壹只（分）。

插坞口汪住梓木坑口鸡壹只（分）。

羊鹅坑汪三富五保坞地租鸡壹只（众存，请接管用）。

林四保杨树坦里外坦租鸡壹只（众存，请接管用）。

青真坞陈进鸡陆只（分）。

溪头各佃共鸡玖只（众存伍只，中元祠祀用。余分）。

林寿交加坞口坑上地租鸡壹只（清明溪头墓祀用）。

项源汪住保等三佃共鸡肆只（宰鸡奠墓，余分）。三佃又备鸡壹只（清明项源墓祀用）。

万保鸡壹只（分）。

陈四春鸡壹只（分）。

柜树湾凌辉、凌佛共鸡贰只（分）。

黄狗岭金千、金三共鸡壹只（分）。

章溪江村林法春坦租鸡壹只（清明江村墓祀用）。

庵口前汪义坦租鸡壹只（中元用）。

各处庄佃租腊开具于后：

韩村称租

---

①仁、义、礼、智、信为载字辈盛、显、达、懋、让秩下五大房的代称。

方英等肆佃共出银贰钱付管理买殽，早晨①鸡子汤壹次，酒、饭、腐、菜随用。

方村称租

方记备猪、牛肉，腐，菜各壹品，酒贰瓶，饭。

中村称租

张寿、乞保共出银贰钱伍分付管理买殽。宰鸡奠祠（开前），煎腐、菜各贰品，酒、饭随用。每年中元、冬至祭日，管理鸡子汤壹次。

杨坑百花园称租

汪金富、汪毛备塘鱼、猪、牛肉、煎腐各贰品，宰鸡奠墓（开前），酒、饭、菜随用。

上坳称租

桂寿、初孙备进门牛肉、腐、菜各壹品，饭，酒贰瓶。晚间猪、牛肉、腐、菜各壹品，酒随用。早晨②鸡子汤壹次（不宿免）。

朱辛备猪、牛肉、腐、菜各壹品，酒五瓶，饭。

青真坞称租

陈进出银壹钱伍分付管理买殽，进门煎腐、菜各二品，酒贰瓶，粿（五品）。晚间煎腐、菜各贰品，酒随用。次早鸡子汤（不宿免），饭。

溪头称租

汪、林各佃共出银叁钱付管理买殽，煎腐贰品，菜，饭，乌豆伍升，酒伍瓶。

项源称租

汪住保三佃备进门牛肉、腐、菜各壹品〈讫〉，饭，酒贰

---

①原作辰。

②原作辰。

瓶。晚间猪肉、煎腐各贰品〈讫〉，宰鸡奠墓（开前），酒随用。次早鸡子汤壹次〈讫〉，菜、饭。午间猪肉、煎腐各贰品，酒贰瓶。①

万保备猪肉、煎腐各贰品，菜，饭，酒贰瓶。

陈佃备猪肉、煎腐、菜各贰品，酒贰瓶。

王六等备猪肉、煎腐、菜各壹品、酒贰瓶（为租佛塔坞山脚坦地）。

柜树弯称租

凌辉、凌光备猪肉、煎腐各贰品，菜，饭，酒伍瓶，鸡子汤间年壹次。

凌佛、住保备猪肉、煎腐各贰品，菜，饭，酒伍瓶，鸡子汤间年壹次。

在城寓宅酒一席。

窦山公家议卷五

山场议

昔议山场管理兼之，今祖山皆合，更置五人专治其事，而管理考其成焉，其加意于山场者至矣，治山者其敬承之哉！得人共济，不出二纪之余，当获无穷之利；苟非其人，则今日之更置，实山场之蠹螟也，可不戒〔与〕（欤）？述山场议第五。

议曰：窦山公承祖未分山场，东西存留以备军装，兹不及论。其摽分并买业山场，充斥本都十保并外都者难以枚举，亲书畲契文簿尚存可考。但失业颇多，众存无几。除摽分各房各业外，其余各房混业者，嘉靖丁未众立合同文约，其各号内除先葬坟各业外，各房不许侵害，其余山场尽行归众合业兴养，呈县蒙批云云。附照。诚义举矣。数十年来未见遵行，徒废心

---

①从"杨坑百花园称租"至此，历史所本缺。

力，为义不终，良可太息。今众慨然复兴前议，遵行前文。但各号山场浩繁，必须得人司治。若并责之管理，不免有事烦不给之虞；若欲另置五首，不免有政出多门之弊。为今之计，莫若将今年管理之人，事完之日，仍委专治山场一年，庶事两无相碍。其治山者，务要不时巡历，督令栽养，毋为私身之谋。其管理者务要不时检点，给与馈饷，毋为秦越之视。如此则合异统同，栽培甚便，协谋并力，保养无难，将来材木不可胜用矣。所有合同文书并青真坞禁约，录刊于后，以便众览。

前议已得其概矣，而未及其弊也。盖山木与田租不同，田租岁有定额可考，非若山木之无常数而难稽也。治山者往来经理，情弊多端，必须法制严明，赏罚必信，此议方为有益。苟逐年因循，互相容隐，则一法立，一弊生，且虚靡众谷，反为怀私者之资矣。戒之，慎之。

栽坌兴养，治山者必要佃与近山能干之人，便于防盗防火。间有计酒食之丰啬，馈送之有无，乃舍此而之彼者，斯人惟顾花利，不思栽苗，纵有所栽，火盗难防，犹无栽也。治山者众罚，仍追出佃山者递年花利，另人兴养。

治山者所获火盗，轻则投治，重则告鸣，赔还木价，尽行归众。间有捕获之时多方悠取，以充私橐，志得意满，交相隐匿，及至发觉，聊将所得一二归众，以掩众口，是治山者一火盗也。查出众罚。

治山者巡行各处，务要视为己事，着实举行。间有往返无益于事，或有承此机会反窃取大木以为己利者，是治山者甚于火盗也。访出倍罚。

倘有邻山砍木过界，治山者查明理说，通知管理。赔纳木价尽付管理收贮，毋得受嘱私处。访出倍罚。

众存租谷若干，专备治山支用，管理收贮某仓。治山者巡行之日，每人日给饭食谷叁斤，跟随伴仆每人日给工食。如苟且塞责、虚应故事者不给。凡山佃有事来见，治山者酌量轻重管办酒食。每月终照数开报，管理查勘，给散前项食用并酒食谷。如虚捏工帐、冒支众谷者有罚。其治山者所用纸笔并所用物件，管理者每年共给银壹两应办。

凡崭拨苗木、凑买力坌等项支用，治山者务要与管理商议，管理查实，方动支众存银谷，眼同交付山佃。治山者不许私用银谷，亦不许擅借银两。倘有此情，其弊甚大，管理即时〔究〕（纠）正，众不认还，仍加罚治。

凡杉木成材拚卖，治山者告于管理，同家长家众一齐商议，务要至山亲视围径、数目，合众评品应值时价，毋背众私行，以招物议，毋低价贱售，以取众怒。如违，定行照价倍罚。所得木价若干，尽付管理收贮，以应众用。各房不许分析，治山者不许收价。

治山者拚卖各处杂柴，亦要与管理同议，其价付管理收贮众用。

前治山者等项支用，管理称时给发，若应给而不给，及不应给而滥给者，家长家众即时〔究〕（纠）正。

今时山场率皆荒废者，其弊由于山主剝刻山佃，掯与力坌，以故山佃惟思花利，不肯栽苗。今议各处山场杉木成材拚卖之日，务照乡例主、力相分，毋许短少，务与佃约相符。则佃人有所利而专心在是，不惟尽力栽养，而山无旷地，抑且尽力防护，而无火盗之虑矣。

田地俱有定租，家议开注，逐年一册可也。山场长养，逐年功效不同，必须递年治山事绩萃于一册，方有稽考。众议山场另立草册二本，一本收贮众匣，管理递年填注存照；一本轮给递年治山者，开注本年某处栽坌杉苗若干，某处崭拨杉苗若干，某处凑买力坌若干，某处大苗若干，某处小苗若干，某处拚卖砍木若干，某处拚卖柴价若干。先期十日逐一开明，交与管理。管理查实，填注匣内草册上，并注家议手册上，至中元日一齐交递。其草册即付接管治山者收领，开注下年事绩。接管者承领草册，续行查勘。倘有不实，告家长家众，管理与治山者同罚，仍令将草册所注改正。其草册，治山者逐年轮传，毋得损坏、失落。如有损坏，不许接管者承领。如有失落，罚银一两，责令照依匣内草册誊录逐年事绩，付接管治山者。

窦山公山场系外户占业年久难复者，与墓山不同，治山者不可一例生事。其有倡言争复者，即系私弊，日后利归于己，害及于众。往事可鉴也。

青真坞合坞山场，乃窦山公志意所在，后裂乱涸业，兰峰先兄① 率众复合为一，辟立田庄，兴养苗木，承其志意，甚盛举也。续立禁约，毋许樵采擅入以损木植，毋许生贩为名以扰守仆。向知遵守，故得成业，近年众用，赖以取给焉。今则举目皆濯濯矣。近有合山文书，其各处山场悉照青真坞禁约一体施行。自后敢有不遵家约、恃顽故违者，乃忤逆祖宗志意，以不孝论。

青真坞山场尽广，恐守仆力少，兴植不遍，治山者宜令韩村、中村、百花园庄佃同栽为便，此外不许概令他人混佃。日后力坌照例给与，毋得短少。治山者仍要督令依时栽插，并提防火盗，不许坐玩废事。

韩村庄傍未有山场，刍荛无资，庄佃未便，管理者访有近庄相应山场，买业以便庄佃。

木仑岽即绿袍峰，乃住居水口巽方秀曜，关系匪轻，窦山公为风水买业，毋得兴养树木，参差遮蔽。

住后来龙山、水口山、前案山，关系住居、坟墓，山并庇荫树木，管理照防掘挖损伐，轻者戒责，重者理治。

---

①指程杲。《谱》载，程杲“字时昭，号兰峰”，弘治癸丑进士。此段文字为程昌语，故称其为先兄。

众山甚多，只要兴理，后再不宜滥买，恐众艰于管业。倘有紧急及凑片者，方可买业。

窦山公秩下子孙伴仆甚多，间有专畜暴悍之徒，结党逵凶，不顾有业山场，白昼恣行砍伐，或盗取小木以充柴薪，或盗取大木以鬻酒货，山佃理说，狠打随之。毒横若此，孰敢谁何。为之主者任其所为，若罔闻知，及至事觉，反护前饰非，庇奸窝盗，犹虎傅翼也。治山者递年所养，曾不足以供伴仆旦旦之斧斤。如此而不加紧，欲杉木之成材也得乎？昔青真坞禁约内开伴仆盗砍众木并私入山讨柴种作侵害等项，其罚银痛责已有定例，今一遵此约。如后有犯者，治山者告家长家众，即将所犯伴仆并本主一齐照例罚责。若五房子孙躬犯此者，罚责加伴仆一等。此禁一行，则余议自举。此辈既治，外且远者又恶敢犯哉！

田之所出，效近而利微，山之所产，效远而利大。今治山者递年所需，不为无费，然后利甚大，有非田租可伦，所谓日计不足岁计有余也。其治山所需，管理即当逐时给与，不可怠惰迟延。

治山者倘因火盗不得已在县告鸣，管理者务要同心共治，毋得推托。其使用并饭食，管理者即时应办，不可误事。

窦山公山场在本都十保并外都，不能尽载，俱有契书及经理可查，但失业颇多，日后查出明白，再续于后。

窦山公摽业并买业山场各保字号、土名、亩步开于后：

一保号字号

三百三十七号吴坑，计山三十七亩（该一半）。

二保巨字号

二百九十三号绿袍峰，计山贰亩（东降，西湾心，南高尖，北郑山）。

七百六十六号方村塘坑老水坞，计山伍亩（东自田，西高降，南山嘴，北至田，正湾心直上）。

三保阙字号

一百十七号兰香坞，计山贰亩壹角[1]（东程田，西尖，南方山，北程田）。

二百二十三号江坑岭里行路，计山叁亩。

五百八十九号中村住后坞，计山叁角肆拾步。

六百九十五号杨坑程乞住居东边并住后山、百花园等处山，共计壹亩（五大分分得百花园山一片，住后山、石那树、铁烂竿树，直上至尖，西边山一片）。

一号百花园青龙山。

一号白虎山。

一号享堂前对面竹山。

一号百花园来龙山及青龙嘴外培山（该一半）。

一号吴大坞头山。

一号何家冲冷水坞山（买程伯分籍）。

一号中村傍云山。

四保珠字号

九十五号茶园坞，计山壹亩贰角壹拾伍步（东降，西田，南湾，北高尖）。

九十八号峡山外高培，计山捌亩。

一号羊鹅坑山，里至水莱坞口小湾弦垄直上，外至斫枧坞里石塥直上至降，上降，下田及坑。

一百二十五号羊鹅坑，计山拾伍亩。

一百三十五号同处大培，计山柒亩伍分。

一百五十八号下东山叶福庆住后，计山地壹亩。

---

①角为山场田地亩步计量单位，四角为亩，一角六十步。明后期多用于山场计量。

三百九十五号朱家源石岭坞，计山壹亩。

三百九十八号同处，计山壹亩叁角肆拾步。

六百四十五号塘坑，计山贰亩叁角。

六百六十一号塘坑直坞头，计山拾肆亩壹角。

七百三号黄坑神林下坞，计山壹亩壹角（东双坑口，西、南、北降）。

四百四十八号降背坞，计山壹亩贰角贰拾步（系住后来龙山，分心直上，随降绕过下坞，东边山一片，直至石嘴。系买程添辅兄弟山，祖妣查氏墓葬其麓西。随降绕过降背坞右支山降直下。全坞山系祖摽业，合坞地系摽与仁、礼、智、信四分管业）。

五保称字号

一百十一号溪头长岭下，计山陆亩壹角。

一百四十八号枫林坞，计山拾贰亩肆拾步。①

一号胡三坞窄树坞（上、下山，里至八亩段弯心直上，外至住后坞口，上降，下田）。

二百七十七号张家岭，计山柒亩贰角。

二百七十九号同处，计山陆亩叁角。

二百八十五号大山，计山柒亩贰角。

二百八十九号元祖住后，计山贰亩。

二百九十七号塘坞，计山壹角肆拾步。

三百四十八号乾田坞，计山贰拾亩贰角。

三百五十二号蒸皮坞，计山柒亩叁角。

三百五十三号同处，计山柒亩贰角叁拾步。

三百六十二号茄子坑，计山壹亩。

四百一号茄子坑，计山玖亩叁角。

四百二号同处，计山叁亩叁角。

四百七号同处，计山伍亩贰角。

①从“窦山公摽业并买业山场”至此，历史所本缺。

四百十号同处，计山陆亩。

四百十三号同处，计山贰亩。

四百十五号同处，计山玖亩壹角。

同四百十八号茄子坑，计山贰亩壹角。

四百二十五号汪家山，计山玖亩贰角。

四百二十九号方家山，计贰拾壹亩壹角。

四百三十号同处，计山拾壹亩(东自山，西岭，南坑，北降)。

四百三十二号元祖住前，计山叁亩贰角。

一号南岸坞合坞山(里至血茶坑口，外至木头湾，上降，下田)。

一号血茶坑合坞山(里至住后坞口，外至南岸坞，上降，下田)。

五百五十五号亩段(石磜下，计山贰亩，东岭嘴及田，西湾里垄心直上，南自地，北降)。

五百五十六号亩塘坞，计山柒亩（东坑，西降，南石磜，北降）。

五百五十八号同处，计山柒亩贰角（东坑，西程山，南、北自山）。

三百五十八号白茆山，计山柒拾壹亩（东垄，西、南、北降）。

同五百六十三号亩塘坞，计山叁亩壹角贰拾步。

五百六十九号汪三坞，计山肆亩壹角。

一号承天坞合坞山（东随下培至程松己山，西至坞口堨山，上降，下田）。

六百十五号承天坞口，计山贰亩肆拾步（东、南自山，西住基，北程山）。

六百六十九号高家坞，计山叁亩(东坞口，西坞心，南程山，北湾）。

六百七十四号水塘坞，计山贰角（东湾，西、北王山，南坑）。

六百八十四号张公坞，计山陆亩。

七百七十一号北乂口，计山壹角。

七百八十三号同处，计山肆亩。

七百八十四号同处，计山肆亩。

七百八十六号杨舟湾，计山叁亩。

七百九十二号同处，计山玖亩叁角。

七百九十六号横山，计山壹亩。

七百九十七号毛栗树，计山壹亩。

八百五号同处，计山伍亩贰角叁拾步。

八百二十一号黄爪岭，计山壹角。

八百二十二号同处，计山壹角（东降，西自地，南程山，北山）。

八百五十七号丁子坞外段，计山贰亩壹角。

一号丁子坞山（东垄，西程山，南降，北小坑。摽与义分一半，众存一半）。

八百六十八号丁子坞口，计山贰亩。

八百六十九号同处，计山壹亩壹角。

八百七十一号同处，计山壹亩叁角。

八百七十三号横山殿前，计山贰亩壹角。

八百七十四号同处，计山壹亩贰角。

八百七十七号佛子岭，计山拾壹亩贰角。

一千七十一号栗树坞，计山柒亩贰角。

一千一百七十一号石壁段住基，计山壹亩肆拾步。

一千一百七十二号林家坞，计山壹亩贰角肆拾步。

一千一百八十二号同处，计山叁角肆拾步。

一千一百八十八号甜珠坞，计山肆亩。

一千一百八十九号同处，计山壹亩。

一千一百三十四号洪尾坞里，计山肆亩。

一千一百三十五号杉木湾上湾，计山拾贰亩。

一千一百三十六号同处，计山陆亩。

一号青真坞合坞山（东至官坑，随降直出至石匣止，西至长岭，随岭直下至青真坞口程坟，当垄直上至降止）。

一千四百七十一号程七婆源，计山贰亩贰角。

一千四百七十三号椒木坞，计山柒亩贰角。

一千四百七十四号同处，计山叁拾亩。

一千四百九十三号江家冢背，计山壹亩（东路，西田，南、北山）。

一千四百九十四号同处，计山贰角肆拾步。

一千五百三十七号宋广坑，计山肆拾亩。

同号，计山肆拾亩。

一千五百四十一号板石源，计山捌亩。

一千五百四十六号草培，计山拾贰亩壹角。

一千五百五十三号龙舌嘴，计山拾玖亩。

窦山公分得山场长养竹木。

一林保住后上下山一片（上至程显宗山界，下至坞口）。

一降背坞全坞山及全坞荒熟地（上至程永得山，下至程道同山）。

一江家冢背张记娘坟，外垄心直上至降，里截一片及竭下坞山一片（上至竭下坞心下培，下至汪七坞口过）。

六保夜字号

一号殿前，计山拾伍亩。

九号方家坦，计山伍亩。

十二号上坞口，计山伍亩。

一百九十九号殿下，计山捌亩贰角。

三百七十号葛流坑塘坞里，计山玖亩。

五百十五号葛流坑口垄上，计山贰角。

七保光字号

九十四号胡溪岭下，计山壹亩肆拾步。

一百二十一号江村庄基，计山叁角，地伍拾伍步。

同号，计山叁角，地伍拾伍步。

同号，计山叁角，地伍拾伍步。

一百二十五号麻榨坞，计山贰亩叁角（契内土名住畔，共该地肆分）。

一百二十六号同处，计山壹亩。

一百八十四号胡溪岭下，计山壹角肆拾步。

二百二十六号胡里源，计山贰角叁拾步。

二百五十六号金盘坑，计山拾柒亩。

二百六十七号竹林坞，计山贰拾亩。

二百八十六号蕨萁坞，计山壹亩肆拾步。〈东程山，西坑，南溪，北降〉

二百九十一号白石堀，计山叁亩。

三百二号洪水坞，计山玖亩贰角。

三百九号胡里源，计山拾贰亩贰角。

三百十一号磜坳里，计山柒亩贰角。

三百二十七号蒋村前山，计山壹角。

三百二十八号同处，计山贰亩。

二百三十九号叶聋坑，计山伍亩。

三百四十二号茗坑口，计山伍亩贰角。

三百四十四号同处，计山贰角。

三百六十八号蒋村枧坑，计山柒亩贰角。

四百九十八号羊栈石，计山贰亩。

一百七十九号郑大坞，计山壹亩叁角。

同号，计山叁亩贰角。

一百八十一号郑东坞，计山壹亩。

一千一百九十号黄狗岭里，计山贰拾壹亩。

一千二百七十七号杨坑，计山壹百壹拾亩（该一半）。

四百四十三号梅树坞，计山壹亩壹角拾柒步。〈东、南、北地，西降〉

四百六十七号石曹坞，计山壹亩贰角。

二千四百二号旧舍坞，计山贰拾柒亩。

二千四百八号鱼瓮坞，计山拾伍亩贰角。

一号大西坑山，里至报慈庵青柴坞，外至庄背坞，原谢家山，上降，下坑。

二千四百五十一号石䃮坑，计山玖拾亩。

二千四百八十四号王廿公坞，计山柒亩贰角。

二千四百八十五号牛角湾，计山柒亩贰角。

二千四百八十六号黄土尖，计山贰亩叁角。

二千四百八十七号同处，计山玖亩贰拾步。

二千四百八十九号黄土尖，计山贰拾伍亩贰角。

二千四百九十号同处，计山拾捌亩。

二千四百九十一号同处，计山拾亩。

二千四百九十二号黄土尖，计山贰亩。

二千五百号枫树坞，计山叁拾亩。

二千七百二十七号黄岐岭，计山伍亩叁角(四分中得三分)。

二千七百二十八号杉木岭，计山伍亩。

二千七百四十三号坳背，计山伍亩壹角。

二千七百四十四号天仓塝上，计山贰亩壹角。

二千七百四十五号佛塔坞，计山拾柒亩。

二千七百二十九号石䃮坞上培山（内买饍六分中该一分）。

一号小䃮坑山，里至深坳岭，外至石䃮坞口，上降，下坑。

二千七百六十二号程东坑，计山叁拾亩。

二千七百六十三号同处，计山伍亩。

二千七百六十七号茅栗科，计山贰拾亩。

二千七百七十六号黄沙坞外截宋嘉山，计山陆亩。

一号章溪江村坟后茶园塔上。

一号张家坞内众存里截金字面山一块。

一号榧树坞内众存大圣堂里截小湾山一块。

九十七号胡溪岭下，计山贰角。

一百四十六号江村，计山壹亩。

一百九十号胡溪岭下漆树坞，计山壹亩壹角。

一号水碓坑，计山□亩。

一号黄狗岭方梅坑上舍坞山（东坑，西大降，南岭，北行路岭及汪宗文山为界，原系买受林建分截）。

二千四百四十六号林十四坞，山陆亩贰角叁拾步。

二千四百七十八号庄背坞，山贰拾亩贰角贰拾步。①

八保果字号。

七百五十三号南源坞鲍家坦，计山伍拾亩。〈内汪尚三十一秤，欠二秤。内汪记三十一秤〉

一都一保

一号胡良田西山坞南培山（东、南宋山，北谢田，西道正桂竹湾口直上至降）。

一号正湾山，内地贰块（东谢田，西道正山，南桂竹湾口，北坑及正坞）。

一号担水坑（东道正湾心直上，西大降，南降，北宋地）。

一号陈家住后山（并地，系原买程理、毛乞坟山及地二块，七

①从“一号水碓坑”至此，北图万历三年本无。二千四百四十六号和二千四百七十八号，北图万历二十五年甲本、安图万历本、顺治本均无。据历史所本录出。

分中合得一分，经理可照）。

一号伍都四保土名下南湾山（东岭、降，西坑，南湾高尖，北溪。其山与宋溪汪元得相共，该一半。万历十七年买受汪祖佑、汪闽元山分截）。

一号伍都四保榧坑口屋基背山（东降，西田，南石嘴及吕山，北方山。吕天时十二分中合二分半）。

一号同处对面前山（东田，西、南峰及吕山，北方山。吕天时六分中合得一分）。

一号同处小乞坞山（东峰，西吕山及程山，南峰，北程山。吕天时四分中合得一分）。

一号里外湾高地，计地贰块（昃字四百九十一号、昃字四百九十二号。其前山地五号，吕天时本身该得分截，万历十二年分，窦①山公买得）。

一号三保土名桃树坞山（原系买受程文，内取东边山一半。东、北降，西坞口大路，南下坞湾心）。

一号杨坑莱坞头山（其山系窦②山公来龙背后山，原买受一半，后又买程锌一半）③。

家议所载，祖文祖业在焉，所系甚大，为此编号书名给散，以防遗亵。日后管理止许十年定册之时开印一次，每次十册贮匣。有愿印者，自备价银付管理同印编号，不许管理私印滥与。倘字迹不同，即同后罚。④

本年治山头首程　程　程　程　程　经理各处

---

①②原作“豆”，意改。

③从“一号伍都四保土名下南湾山”至此，北图万历三年本无。据万历二十五年以后诸本补。

④从“家议所载”至此，北图万历甲、乙本，安图万历、顺治本均缺，历史所本误将此段文字置于此。此文应在丘濬所撰“墓志铭”之后，见前面第8页。

山场事绩，逐一开注于后：

一佃与某人某处山场兴养杉苗开后。

一山佃某人崭拨某处山场苗木开后。

一收买某人兴养某处力坌苗木开后。

一拚卖某处杉木若干、得价银若干开后。①

一青真坞禁约

六都程旺②、程昇③、程杲④、程时⑤、程暻⑥五大分人等，共有青真坞汪八舍基、插树岭、淡竹山、里神林坞、外神林坞、炭灶坞、大中坞、小中坞等号山场，其山新立四至：东至光坑岭降直出，西至长岭直下，外至石匣并青真坞口，里至插树岭，横过至尖。原上年间自曾祖故后，各栽各业，近因人众心异，前山杉木听随伴仆乱砍，并作柴薪，有负前人创业之意。今同五大分弟侄谪议，将前山各人栽坌大小苗木并管业空山及山脚地，尽数归众，五大分均业，各人到山住歇，栽坌锄养苗木成材，开垦山脚成田，以为子孙永远之计。自立合同文书之后，五大分子孙永远遵守，务要以心体心，时行照管。其杉木并松竹杂木成材，并系五大分眼同共卖均用，毋许占吝混砍并纵伴仆私自入山盗砍。其田并系五大分递年收租均业，毋许占吝。如违众议，重罚不恕。如有恃顽不服者，遵文告理，

---

①北图万历二十五年甲、乙本无“一收买某人兴养某处力坌苗木开后”和“一拚卖某处杉木若干、得价银若干开后”两条。从“一佃与某人某处山场兴养杉苗开后”至此，每条为一叶，北图万历二十五年甲、乙本失落两叶。

②程旺为窦山公四子载懋之孙。

③程昇为窦山公长子载盛之孙。

④程杲为窦山公次子载显之孙。

⑤程时为窦山公五子载让之孙。

⑥程暻为窦山公三子载达之孙，其先后不以房为序而以年龄为序。

甘罚白银伍拾两入官公用，仍依此文为准。今恐无凭，立此合同文书一样五纸，各收一纸，永为照者。

再批：如砍小木壹根，罚银伍分，壹尺者罚银壹钱，贰尺者罚银伍钱，叁尺者罚银壹两伍钱，其木仍归众用。永遵此例。其五大分伴仆，不许一应私自入山讨柴、种作、花利侵害等项，如故犯，伴仆痛责三十，其本主罚银伍分。其山见在杉木，止除原众号分老木数根未砍者，听随时砍去，不在此例。

再批：其田并山杉木等物，五大分人等毋许私相变卖家外人等。如违，将价入众公用，其所卖田产并山杉木，买者卖者俱不许入分。其力坌杉木等物毋许私买入己，违者将价入众公用。其杉木苗并众业，其召住人，亦不许私买彼物件并借与等物为由寻非侵害，违者甘罚银壹两入众公用，仍依此文为准。批此为照。

正德十五年五月二十六日立合同文书人

程旺、程昇、程杲、程时、程晭、程昆、程昇、程普、程昌、程煦、程昱、程晛、程旸、程易、程晁、程昙、程星、程晲、程鲁、程瞸、程曾、程曙、程冕、程镈、程锽、程钦、程钲、程金、程釜、程铋、程铅、程钧、程鍪、程钝、程录、程铢、程铨。

书合同人程镠。

一众立合山文书

善和程时言①同弟侄程煦②、程晛③、程铤④、程销⑤五

①即程昌。昌字时言，号和溪，又号桂峰。窦山公次子载显之孙。

②程煦为窦山公五子载让之孙。

③程晛为窦山公四子载懋之孙。

④程铤系程昇次子，窦山公长子载盛之曾孙。

⑤程销系程昙子，窦山公三子载达之曾孙。

大房人等，仰念我祖窦山公启疆创业，凡以裕后者无不周至。今逾五叶，尚资翀幪。为子孙者宜上体我祖惟艰之心，务思培植，允为不替之图，斯我祖属望之意也。然田产众存以备户役者，率有规条著家议，遵行已久。但各处山场甚广，原为各房混业，实畜弊端。近来不惟人繁力怠，抑且短〔兢〕（竞）长争，日惟不足。况所产渐微而祸萌，浸长议培植之方，公私必将俱无所益，而有负我祖裕后之计也。今会众议，俱各情愿照青真坞事体，除曾摽分各业外，但系窦山公名下承业、买业、佃业各处山场，尽行归众，合一兴养，以备众用。其见在山并力分大小苗木，各房大略相侔，义难细计，以嘉靖二十七年正月初一日为始，俱系众业，毋许占吝。自立文之后，敢有悖义异言、不遵规议及故纵奴仆侵损者，许管理头首告于家长家众，轻则于二祭日鸣鼓各声其罪于窦山公神前，重则鸣之于官，以准不孝论。乃各秉公勤以收成效，毋惑近小之利以昧远大之谋。其各号山内有堪扦造风水者，除先葬各业外，各房毋得侵害。今所合山，乃听各人安葬亲属。禁步之外仍系众业，各人毋以霸占杉木为由，虚设土堆混乱。敬对窦山公之神，同众立此义约文书壹样拾壹张，五房各收贰张，众收壹张，永为照者。其各处各号山土名开具于后　其字号、亩步、四至，各有各保经理并契书文约可查（其后开各处各号山场土名已开具于前）。

县批：看得程氏存产奉祀，实天理人心报本追远至意，仰子孙永远世守，毋得侵损变卖。付照。印。

嘉靖二十六年七月初二日立合同文书人

程时言、程煦、程昱、程暐、程晁、程星、程锡、
程锽、程金、程锐、程铊、程铤、程锪、程铄、
程铅、程钧、程镆、程鍪、程铃、程钝、程钊、
程铢、程铨、程锉、程锏、程铸、程铜、程铁、

程钒、程错、程锦、程钺、程鉋、程镈、程铤、程钪、程锷、程链、程济、程澍、程浚、程涯、程澜、程渐、程汉、程涣、程渶、程淙、程涞、程松。

一遵行旧议合山文书

善和程镆①、程铃②、程锐③、程钶④、程钥五大房人等，思念我高祖窦山公因军役烦重，存立军装以为裕后之图，遗文严切，倘有违者准不孝论。但田产递年各房头首轮管，注之家议，遵守无失，已赖帡幪。惟各处山场甚广，多有未经摽分，实我祖欲存留以滋日后军役不替之用。不意各房子孙不体此心，混业专利，弊不可言。若在不义之家，祸已不可测矣。幸兰峰公先义，同众将青真坞立文合众保守，至今获利，已有成效。其余各号山场尚多，仍皆占吝执业，各怀不平，故和溪公⑤复申明窦山公创业艰辛，改立祭祀规制以致孝思，并将我祖承业、买业、佃业各处山场尽行归众，照青真坞事体合一兴养，以备众用，以绝争端。此莫大之福也！况经具告县主孙，将文用印批照，限一年内各砍木还山，实系义举。不期因循日久，徇私作弊，若不申明合一归众兴养保全之意，将来众山俱不可保，而争竞之祸亦不可息矣。为此众议：凡我祖之山，除摽分久业者，其余承业、买业、佃业各山，悉开号数，合一兴养，以备军役众用。五房照田产议，另立五人为首，资其饱粮，用心巡管。敢有悖义异言占吝不服归众者，许有分子孙入山尽砍，将山归众，及不许故纵奴仆侵损。如违，照青真坞事

①程镆系程昇三子，窦山公长子载盛之曾孙。

②程铃系程普长子，窦山公次子载显之曾孙。

③程锐系程煦长子，窦山公五子载让之曾孙。

④程钶系程旸次子，窦山公四子载懋之曾孙。

⑤即程昌。

例一体行罚。倘有秩下子孙私相卖买并私卖外人，以破众议，治山者并管理头首告家长家众，卖者买者俱不许认业，仍行送官，准不孝论。自立文之后，毋得徇私轻纵以紊家议，则将来之福众所均沾，程氏之义无有渝[1]焉者矣。但所合之山，倘有风水，仍听各人安葬亲属，周围各十丈，毋许侵葬有损。如违，众叱改正。其外杉木并系众业，毋许虚峦土堆，霸占杉木，以混众议。今恐人心不齐，复立合同义约一样五纸，各收一纸，永为照者。

万历三年七月初十日立合同义约人

程镆、程铃、程铏、程钶、程镃、程钼、程钫、程铣、程钱、程渼、程法、程浃。

书合同文书人程清。

前各处杉木成材，毋许卖与秩下子孙，恐有乘此阴窃连界大木，亦有拴同外人出名因而拾取，又有拦阻外人因而贱吞。以后倘有违文谋买及徇情卖与者，均是私弊，访出重罚，其价入祠公用，其木仍众另卖。此关甚大，不可轻恕。

众立保业合同文书

善和程镆、程铃、程铏、程钶、程钼五大分人等，承祖新春公辛勤创业，各处田地山场并各处坟墓，子孙世守未怠。近因各分子孙繁衍，人心不一，众同议立合同文书，永远遵守。各处坟墓、享堂、书院，务要同心保护，以时祭祀，毋许侵葬，并各处来龙及左右朝对，毋许扦圹挖损。如违，听众人立时将柩举起，挖损处所如旧平殁，仍令备猪羊同众醮谢。坟墓上并来龙左右朝对四围庇荫树木，毋许盗砍。如违，赔还木价，仍备猪羊同众醮谢。墓前享祠并四围空地，亦不许厝柩挖损、占吝、堆塞秽污。违者，众令移正。除坟墓外，众共山场，各分

①万历二十五年以后诸本皆作“沦”。

子孙已葬者不许侵害，未葬青山听扦风水，毋得互争侵损。如违各项，罚白银百两入祠公用。近坟山场，听有坟者养木荫坟管业。如系众人费工栽养成材树木山，须先告众斫木，然后葬坟。其葬坟山与空闲山，俱毋许私卖及将不用弃穴献卖外人。违者众令取赎，仍计卖价倍罚银两众用。其收租田并各庄众业等地，毋许开坟扦葬，如有葬者，众议出银贰百两入祠公用，如不愿出银，即令立时改正。且我祖深虑军户人众军饷难敷，置买田租众存，以为军产，已有世守合同，至今存业。其收租价银、续买田租，递年分给各分子孙以济不敷，亦宜永守，毋许将田并浮租开写分截，私卖家外人及私当银使用。违者，先告我祖，治以家教，责令取赎。如不听，送官惩治，不许入祠收分众租。以前数项，五大分子孙各宜遵文永守，庶祖坟、祖产可保，各分亦不致有流落之人。为此众同议立合同拾壹纸，呈官印信，五分各收贰纸，众收壹纸付匣存照。如失落壹纸，罚白银伍拾两。众收壹纸，为首五人检点交付，如有失落，各罚白银拾两，仍抄录壹纸付匣存照。恐后无凭，写立合同文书壹样拾壹张，永为照证。县批附照。印。

隆庆四年十一月十五日立合同文书人

程镆、程铃、程铢、程铒、程钶、程鍊、程锢、
程销、程鏞、程铁、程错、程钫、程鉋、程锭、
程镈、程铋、程铧、程锉、程镭、程铿、程铴、
程锋、程链、程钱、程清、程渼、程滉、程冽、
程涣、程淅、程法、程洁、程渠、程沾、程涍、
程河、程洛、程濼、程沛、程滮、程深、程洵、
程涞、程沩、程泓、程濡、程潼、程潭、程洲、
程泮、程汝、程添、程潢、程洪、程涧、程浐、
程洋、程松、程杞、程桦、程苏、程榗、程桥、
程森、程根、程桂、程彬、程校、程榎、程栻、

程梗、程楼、程植、程策、程梦龙。

窦山公秩下五大房子孙程错①、程锭②、程链③、程钱④、程潮⑤等，思念我祖原承祖并买受各处山场，具载家议，并续买未刊者，取其利以供军饷，以备支费也。节立文约保守，代有严禁。向因拚木多出管理，以致怀私利己者，一遇当年为首，随即搜寻各处山苗，毋问大小老嫩，一概拚砍无遗，其价大半入私囊，而众家仅存虚名。四山濯濯，军饷等费何资，甚可寒心！本欲查举，指名呈治，但系已往，难容尽究。今集众议共立保守文约，自万历二十五年七月起，凡各处祖坟、冢林、江村等处，永远不许拚卖。其青真坞、项源、章溪等号蓄木山场，止许管理逐一照点督令栽养，依时给工崭拨，毋许管理私自拚卖。倘各号内山木果系成材，有重费莫支，当卖者，各分管理务先期告明各分家长、斯文，集众庭议，到山验明。不堪拚卖，复集家长、斯文，同家众眼同计木估价，拚卖他姓，不许秩下子孙承买。如他姓不买，许令各房子孙分砍做卖。其拚木价钱，悉听各房公议兑出，归窦山公买田公用。秩下子孙毋得违文另生异议，与众矛盾。如当年管理假提公事阴济私谋，违悖前文，觊觎冢林，私拚苗木，并秩下私买及以他姓出名而内阴买者，毋问已成未成，即时攻击保全，追木归众外，许秩下子孙呈官理治⑥，准不孝论罪。不问拚木多寡，仍行罚银二十两入祠公用。如不服罚，立文逐出众祠，永远不许管理，不给本身分谷。再有兴山并伴仆人等擅入砍斫众山苗

①程错系程鲁子，窦山公三子载达之曾孙。

②程锭系程昱长子，窦山公次子载显之曾孙。

③程链系程易次子，窦山公长子载盛之曾孙。

④程钱系程星次子，窦山公五子载让之曾孙。

⑤程潮系程鍊之长子，程昕之孙，窦山公四子载懋之玄孙。

⑥历史所本和安图顺治本作“呈管理”。

木，管理不行细察及私受财物、因循不举者，查出一体同罚。今恐无凭，众立合同文书一样十九纸，各收一纸存照。

县主刘爷批：程宅递年存留山场，以备坟墓祭扫之费，此报本追远，子孙世世有同心也。准照议世守。

万历二十五年七月十五日立合同文书

家长：程错、程锭、程链、程钱、程潮。

家众：程溱、程渠、程涞、程光祖、程淏、程森、程木。

斯文：程大藩、程登瀛、程敬之、程良彝、程良谋、程云鹏。

管理：程铿、程檕、程潢、程良贵、程文炤①。

重建窦山公寝庙并祠旁庄屋暨青真坞庄屋序

呜呼！亢宗长世之盛，岂不以人哉！不有前者，谁为其作；不有后者，谁为其述。故承先启后，端有藉于鼎革之劳、振蛊之力也，我祖窦山公之事是矣。公勤稼穑，课子若孙以诗书，所遗祀产暨续置山田祀产，众贮存积以应不给。慎庵公之立文垂训昭然也，至和溪公复继嗣而修明之。其载诸家序，最宜兴复者四：一青真坞之田山；一韩村之庄田；一百花园之墓祠；一中村之祠堂。皆我祖精神注念处与魂魄所依焉。阅世既多，久而滋敝，非独其时也，势也。管理视祖训为具文，子孙坐食其先世之田畴而不知觉，致有以历年众存暂分之浮租久假不归，不知其园课果出何人之供，庄田果属何人之产也夫。我祖之法非不可谓森严，而积习相沿，继序弗逮，呜呼痛哉！他不暇具论，即如中村飨祠暨青真坞之山田庄屋，事孰有大于此

①北图万历三年本从第86页“窦山公秩下五大房”至此均无。据万历二十五年以后各本补。此篇文字字体与万历三年本字体迥异，显系后来补刻者。

者？乃青真坞之荒也，自庄废始也。庄既废，则守庄种植之无人；守庄种植无人，则因利乘便，斧斤之不时旦旦而伐之者多有，而况其不惟是也。奸佃之豪黠，率有托兴养[①]为名者，花利成林，攘窃起家。而我祖山之苗木濯濯如故。昔人过牛山泣下，信然。爰集同人，用襄厥志，立有禁议申饬之。其有前佃之破我祖、荒我业、扰我家法者，罚无赦。罚之所自出，则我青真坞之山田庄屋兴复所自来也。既成青真坞之役，继及飨祠之举。享祠之庄屋日圮，寝庙几危，人其安乎？神其飨乎？兴作宁不议举哉？如筑舍道旁何。窃将供课、存祀以外之浮租，立议众贮支吾公费。其无事则分给子孙也，祖宗之泽也，权也；有事则众司出纳也，祖宗之制也，经也。经不废私，权不废公。是役也，盖阅经年而功成，君子犹于此不无三致幸焉。幸其能承先也，启后也，革故鼎新之义在此，而干蛊明作之功皆在于此也。其余百花园之墓祠并各山田廨寓诸项，将有所渐及。后有作者，其尚无忘乃祖乃父之勤今日之举哉。是为序。

顺治十四年孟秋月中元日嗣孙程衡、程进、程甡、程喆、程文象、程书、程褱、程思兼、程式、程思光、程元勋、程思皇同百拜谨识。[②]

众立重造青真坞庄屋并禁山保业合文

窦山公秩下五房家长程宗武等、斯文程衡、程甡等，为严禁青真坞合坞祀山以供国课、以保祖祀事。我祖窦山公创业辛勤，所遗祠墓山田，刻载家规，历年遵守保全，于今不替。惟青真坞祀山，尤我祖精神注念处，向来立庄置仆看守，兴养苗木，上供国课，下济公需。迩因庄屋圮废，看守无人，管理不

①从“重建窦山公寝庙”至此，历史所本缺，据安徽顺治本补。

②从“重建窦山公寝庙并祠旁庄屋暨青真坞庄屋序”始至卷五末，万历年间各刻本均无，据历史所本和安图顺治本录出。

行纠察，至被闲杂佃山之人假公济私，专利肥已。佃人桐树襟带成林，而祖山之苗木萌蘖无遗矣。因而秩下子孙垂涎，奋臂强种接踵，将来弊窦不可胜言。及今不行严禁，后虽咄嗟亦无及已。为此集众佥议立文申饬禁约，着令本年管理督同各庄众仆，无论秩下、家外人众等，凡有在山桐树一概扫砍无存，管理徇私者罚，梗众破祖者倍罚。其已前佃山之人，原为祖山兴养苗木，供课存祀，而竟久假不归，独肥佃人私囊，季富于周，情理不平，众议酌罚其佃种为首擅利专且久者数人，即时追利归众，重造青真坞庄屋，另行招人居住看守兴养。以后秩下子孙不得入山强种，及大家小户僮仆人等不得以旦旦斧斤窃取柴木。① 如违，照秩下子孙强种者一体行罚，着令宰猪鸣锣声罪加禁，父兄不得庇其子弟，家主不得庇其僮仆，而家长、斯文、家众等不得徇情容隐，致公议不伸，无以为将来者之戒。倘有秩下不肖子孙违禁破祖，不服众罚者，家长、斯文、家众等连名呈官理治，准不孝论。官费取用众银，管理共司出纳。日后拚山苗木杂柴各项，眼同祠内出契，管理不得独专其任。所有拚山柴木价银，入众贮匣公支。再有入山失火人等，管理纠出鸣众，从公重罚，断不轻恕。凡我秩下人等，各宜遵守保全，毋得明知故犯，庶国课可以常供，而祖祀得以永存矣。今恐无凭，立此禁议存照。

附刻前任县主边爷批：通族祀山、祀田，合遵遗文家规，轮管共理，以凭斯文察核，庶祀产不致干没，而祀典得以永传。毋许族中饱利肥私。印照。

顺治丨二年丨一月长至口

家长程宗武、程孟骥、程良遴、程敬德、程良宁同立

---

①从"众立重造青真坞庄屋"至此，历史所本模糊不清，无法通读，据安图顺治本誊录。

议文。

斯文程衡、程进、程甡、程喆、程文象、程书、程褱、程思兼、程式、程思光、程元勋、程思皇同立议文并为首督理。

董事程英、程文宾。

众立提轮谷重造窦山公寝庙并祠旁庄屋合文

窦山公秩下家长程宗武、斯文程衡等，为众议飨祠、墓庄、廨寓修理诸费，暂取供课、存祀外浮租，量行众支，以昭世守事。我祖窦山公创业艰难，遗有祀田叁千余秤整，刻载家规，除供国课、存祭祀之外，仍有壹千伍百秤。议定无事则各房管理照房均派浮租，惠给子孙；有事则众贮出纳公费公支，永为定额。历年多所遵行无异，近因积习既久，人各沾祖惠而不知谁之赐，坐视墓庄日圮，廨寓荒废。而窦山公飨祠，犹先灵魂魄所依者，风雨牖户之患犹不忍言，为人后者将何如，其各无仁孝诚敬之思乎？为此集众佥议暂收供课、存祀外浮租名轮谷者拾分中之贰，众贮公支，先后次及，足以补葺其当务而绸缪于无虞，此系追远报本至意，人各有心，祖训遗文班班可考。窃恐秩下人众，贤愚不等，有敢徇私破公、强梗拗众者，即准不孝论，声罪鸣官，仍依此文为准，以见承先启后之有人，而堂堂大议，不终挠于秩下之不肖一二人也。今恐无凭，立此议文存照。

具呈，蒙县主张爷批：准照家议行事，族人毋得执拗生端。如违，赴禀，定以不孝论罪。印照。

顺治十三年四月初十日

家长程宗武、程孟骥、程良遴、程敬德、程良宁同立议文。

斯文程衡、程进、程甡、程喆、程文象、程书、程褱、程思兼、程式、程思光、程元勋、程思皇同立议文并为首督理。

董事程佐圣、程文焯、程文宾、程汝琏。

窦山公家议卷六

庄佃议

今之庄佃，前人之所遗也。往时各佃，率乐业安生，今多饥寒，多流亡，不自宁居者，其必有故矣。承先志者亦知小人之依乎！无小人莫养君子，当有以处之。述庄佃议第六。

议曰：前人置立庄佃，不惟耕种田地，且以备预役使，故驶之宽而取之恕。今时之弊，役使烦苦，且征收科取比昔不无加重，况又有分外之征，人所不知者乎？今宜悉革此弊，以苏佃困。不然，敛愈繁而佃愈困，其不至于迁徙流亡者几〔希〕（稀）矣。此抚恤之不容已也。倘有奸黠之徒不遵主令者，又当以法绳之，难以一例拘矣。

计众佃仆，昔称繁庶，今渐落落，殊可慨也。各招置己庄者，又往往取之祖佃。主众仆稀，征役日繁，彼何以堪？今议：凡有婚娶丧葬大事，令赴役一日，其余寻常事务毋得滥征。

凡自祖庄迁各房己庄佃仆，系已长成而去，及葬坟在众山者，但遇各房婚娶丧葬大事，赴役一日。

韩村之庄甲于诸庄，佃仆之困甚于诸佃，其所当恤者亦当先于诸佃也。前议丈量定租之说，众论何如，当必一处。不然，坐视其流离而后处之，则非祖宗建庄之初意矣。

青真坞外庄已废，内止一庄，固宜优恤，恐监守自盗之弊亦不能无，管理者不可不察。

百花园庄屋既居守佃仆，又为墓下祠堂，宜修葺停当①，

①原作伫。

以为久远安妥之计。

方村庄屋已经修治，但田少多硗，仆难以安，亦不可不处。且仓厫所关，墙壁坚固，宜修葺贮谷为便。不可闲旷，以致朽损。

林村之庄系祖传佃仆，屋废已久，管理者宜加意起造。

中村庄佃有看守祠宇、供奉香火之责，固宜推恤，苟污秽祠宇、不供香火，责当坐之。

章溪黄狗岭庄佃地涉远僻，管理者多因循罕至其所，故山野无所观感。自后于收租之时须亲往征算，使彼渐知向化。

各处庄佃至除日辞岁，例有年饤，管理者照丁散给，每男丁给谷肆斤，幼丁及妇人俱各贰斤。正旦俱集正堂拜年讫，照丁给散包子并酒。此例不可不守。

各庄佃男妇病故者，每人，管理者给与银壹钱，其年幼不能应役者不给。

庄基土名、住人开后：

韩村庄基（方英、方七、方元保、方才保四家住）。

方村庄基（方记住）。

林村庄基（原潘寿保住，今屋废）。

中村祠边庄基（张寿、张乞保兄弟二家住）。

杨坑百花园庄基（汪金富、汪毛住）。

杨坑上坳庄基（桂寿、桂初孙兄弟住，原交租肆拾斤，今应主免征）。

青真坞里庄基（陈进住）。

青真坞外庄基（原吴琼住，今屋废）。

项源磜上庄基（正屋五间，东、西房共业，其背后旧余屋及下手新建横屋，俱东房己业。汪住保、汪尚、汪先得三家住。又买受西房锭、铙、玫、启、谟、三寿分籍，系万保住）。

章溪黄狗岭庄基（金千、金三二家住，与林共该一半）。

胡家园庄基（汪福、汪毛乞二家住）。

庵口前下庄基（汪二乞、汪元住）。

庵口前上庄基（原汪可住，系里截及高塝菜园地，以八股为率，内买受汪缨、洪继共壹股，汪综壹股，汪统、汪维共壹股，汪新富壹股贰分伍厘，程模、程权共贰股五分，程梓肆分叁厘①，程燃、程焕共壹分，余股未买。其地原系程积祖名目，余股惟汪绂、绍、绎分未卖。又上厥汪义住后菜园地贰块及前截程富孙见赁店基地，俱五大分已业。已开在前地款内）。

黄坑坞庄基（汪住保、汪七、汪三保三家住）。

溪头承天坞口庄基（林福保、林天生、林七、林记住）。

溪头黄土岭庄基（汪六住）。

溪头上塘坞里庄基（汪留保、汪太、汪初住）。

章溪江村庄基（胡多住，原胡保住基，计地肆分贰厘伍毫，系买陈文通、文达地）。

项源磔上上庄基（陈虎保等四家住，系买沙湾方榕兄弟，十二分中得一分）。

方村胥杨庙上庄基（叶虎住，并四园菜园地，俱十二分买受一分）。

胡家园申明亭后庄基（原金癸亥住，今屋废，系珠字二百六号，计地肆分玖厘肆毫，系买受陈文通、文达地）。

中村案山前庄基（在朱六住后，原吴祖兴住，今屋废，系阙字五百一号、二号、三号，②计地壹亩陆分零，五大分买受，三分中合得一分）。

溪头北乂口庄基（原汪福缘住，今屋废）。

胡良田庄基（朱乞孙住。五大分买受，三分中合得一分）。

一号韩村吕家住边土库屋及余屋并路地（系买受吕大化、吕

①从“程模”至此十五字，据安图万历本补。

②历史所本和安图顺治本作“四百八十一号、二号、三号”。

大佐兄弟截分壹半，分得地四十三步四分三厘七毫）①。

窦山公家议卷七

银谷议

夫利者，义之和也，能和义而后能治利。义者何？银谷出纳分明，酌量盈缩而无所私也。斯乃持家之大节，立心之切要。人之贤不肖，即此可观。经理者幸为其贤，毋为其不肖。述银谷议第七。

议曰：称收各处租谷，多有以爱憎为低昂之弊，〔令〕（今）议较铸铁祖如天平样，以对针为率，庶革此弊。此系众事第一紧要，当即行之，不可姑待。

将收获之先，晓谕各佃，务要谷色干燥，以防贮积坏烂。

凡出入银谷，众备有天平、顶秤并铁祖天平，无得更易。

该收银谷，毋许各佃坐赊，务令依期交纳，有见银坐者听。

凡粜谷，管理者眼同将银兑明，方照时价称发，记算明白，庶免混错。或本房人告籴，亦照时价称发，毋得过与变乱。

系众银谷，管理者毋许擅行赊借与人，犯者立时追②复。

每年七分清明墓祭，百花园正旦墓祭及清明墓祭，生忌二辰祠祭，递年祭谷，共陆拾陆秤，称发轮办之人，丰歉之年皆同。百花园清明墓祭猪，坐谷拾伍秤，付佃汪金富兄弟养办。中元祠祭猪，坐谷叁拾陆秤，付佃张寿、张乞保兄弟养办。冬至祠祭猪，坐谷叁拾玖秤，付佃，项源、青真坞养办。内多谷叁秤，存肉拾斤，付中村佃醃腊，以备杨坑清明墓祭用。其前三

---

①北图万历三年本无此号地，据万历二十五年以后诸本补。

②追字不清，据安图万历本补。

项祭猪，随谷称用。议定例则，各祭酒醴①。中元、冬至、正旦、生辰、各墓清明，例用谷叁拾伍秤付管理先造，惟忌辰买备。其余祭物俱管理支银买办，例则开后。

管理者收粜一年事完，将收支过银谷逐一明白开注于后各款下。中元以前，管理者备酌，约会接管者眼同结算。每年租谷，管理者务要尽完，不许开未完。倘仓有见谷，亦要尽粜见银。若过七月，则新谷又至，无可粜之期矣。其各处租银，亦不许开未完。其余事有未完者，方许开注于后本年未完款下，复开注于接管手册上年未完款下，总计俱无差错，至中元祭日，将手册呈告家长，遍示家众，查刷收支无弊，家长大书“事完无弊”四字于当年手册上，方收入匣。其接管手册，即付接管者收贮，以便查考。

收支银谷分列款式，凡遇收支，即时填注。如收款下注某月日收某处银谷若干；如支款下注某月日支银谷若干，某事用；其见在银款下，注有、无、若干。其余事未完款下，亦照式填注，庶便会计据此查刷。

年分称收各处租谷共计。◀泰昌元年称收各处租谷共计叁千壹百壹拾陆秤柒斤。▶〈万历二十四年分称收各处租谷共计贰千玖百肆拾陆秤十二斤。外收经应贰拾秤，青真坞罚谷壹十乙秤〉〔顺治拾叁年分称收各处租谷，共收贰千捌百贰拾秤拾肆斤整〕

贮韩村仓计谷。〔贮韩村仓计谷玖拾陆斤零，又存上柒拾肆斤，二共存实谷壹百贰拾斤，又伍拾斤，□秤〕【发祭祀灯油，贴清明会首】

贮方村仓计谷。

贮杨坑仓计谷。

---

①醴字不清，据安图万历本补。

贮青真坞仓计谷。

贮项源仓计谷。〔贮项源仓计谷壹伯贰拾陆秤柒斤捌两，又上存谷伍拾陆秤拾斤拾贰两,总共实存谷壹伯捌拾叁秤壹两。肆两，又二十九日盘存〕

五房均分计谷。〔五房均分计谷壹阡伍伯足秤讫〕①【递年五分均分壹阡伍伯秤】

收各项银共计。〔收支入后查〕【窦山公生忌二辰发谷伍拾斤，新正拜年在内，清明百花园上坟发谷肆拾秤，清明溪头坞、黄坑坞上坟发谷肆拾秤，贴清明会首叁拾秤，斯文灯油每名陆秤，祀酒贰拾伍秤】

粜谷银计〈收粜谷银伍拾叁两伍钱陆分〉〔粜谷银计陆拾伍两肆钱柒分柒厘，除支壹两壹钱伍分，又叁两壹钱陆分，又肆两壹钱贰分，共除玖两叁分零，得实存银伍拾陆两肆钱贰分柒〕

卖木银计。〈卖木银计共三两柒钱。里南坞、外南坞、黄花坞、杨坑共四处〉〔卖木银计陆拾陆两捌钱玖分贰厘，外支银伍两捌钱陆分贰，又支文银壹两壹钱柒分陆，共除柒两贰钱贰分，实存银伍拾玖两陆钱柒分贰。以上二宗，除支零用，仍实存足□足色银壹伯壹拾陆两玖分玖厘。一支银柒拾捌两买青真坞庄屋。一支银伍拾陆两兑本年票并旧票贰拾两在内。除支，尚②存银壹伯壹拾陆两玖分玖，仍净透支匣银壹拾柒两壹厘。顺治十三年十一月冬至日，五首交帐单存，付下年五首收领照〕

地租银计

〈一收龚末乞银乙钱零六厘。

---

①秤字原缺，讫字原作乞，据历史所本所加墨笔字文字补正。

②原作上，意改。

一收江村租银乙钱伍分。
一收记兴铺租贰钱伍分。
一收王银保租银陆分半。
一收胡学租银乙钱。
一收汪村园租银贰分。
一收林村租银贰钱〉
杂行银计
〈一收借檠、述、寄、周银贰两。
一收借奇祥银贰两。
一收仓基岭柴价陆钱。
一收程积贴编银乙钱。
一收方谢贴造桂家屋银陆两贰钱五分。
一收梦元贴造桂庄屋银叁两乙钱〉
支过谷共计
〈支乙千伍百秤，五分均分。
支三秤，造胥杨庙浮堨。
支半秤，与汪记揩黄泥坵田角沙。
支十三斤，居士使礼。
支一秤三斤，粿饭。
支三十五秤，造酒。
支九十八秤，仁、义、信祭祀。
支半秤，江村竹匠丧妻。
支二十四斤，章溪收早租饭菜。
支二十秤，与生员。
支十五斤，挑祀谷并生员谷酒。
支四十秤，还檠、述、记、周。
支壹百秤，与应孙造胥杨石堨。
支乙秤十三斤，挑谷酒方村、林村、韩村、杨坑等处。

支三秤，买忌辰酒。
支一秤，与汪尚，为丧妻。
支十斤，黄狗岭看山饭米。
支三秤十四斤，贴王、陈二家做七亩田堨。
支五斤，韩村发谷饭米。
支三秤，与应孙修高宗庙前大塍畔□。
支一秤十斤，与谢顺佛塔坞空分一。
支二十斤，项源二次发谷饭米。
支十斤，与汪记、汪尚扫仓。
支三十三秤五斤，还奇祥。
支五秤，与来富木匠做百花园槐棹。
支十斤，饭米发谷与良彝八人用。
支二十三斤，韩村发分谷饭米。
支六秤七斤，章溪挑谷脚钱并酒饭。
支四斤，章溪扫仓。
支乙秤半，章溪发谷饭米。
支半秤，挑行李进章溪。
支乙秤，与汪尚买枧。
支六秤半，冬至、中元饭米。
支六斤，五寿挑柴饭米。
支二秤，贴才保上胥岭堨土。
支三秤，与中村百花园分谷酒钱。
支二十秤，杀冬至猪。
支叁十四秤五斤，杀中元猪。
支十五秤，百花园清明肉。
支三秤，百花园筑墙。
支二秤，百花园坟下做路。
支一秤，买宋坑屋饭米，二次用。

支十二秤，买汪门十二扇，次六条。
支二十四秤，贴桂六房造屋饭米。
支十斤，看宋坑折屋饭米，三次。
支三秤，与毛乞木匠工钱。
支三斤，汪银保挑谷酒。
支柒斤，金三。
支陆斤，月得。
支二十四斤，汪毛。
支二十八斤，韩村三家。
支十四斤，汪尚。
支九斤，汪记。
支十二斤，陈家。
支九斤，万记保。
支一秤，潘新富。
支十六斤，乞元。
支十六斤，乞保。
支十五斤，社乞。
支十五斤，社兴。
支十六斤，吴五寿。
支二十斤，兰得、秋乞。
支六斤，叶虎。
支六斤，朱乞孙。
支三十斤，桂家。①
支六十一秤，付良彝。
各仓共蚀耗谷乙十三秤半。
前项共支过谷二千零八十伍秤，并蚀耗在内。仍仗谷八百

①从金三至此，均为年钉——原注。

九拾贰秤十乙斤，粜得银伍十三两伍钱陆分。>

<一收薛家段方家地租豆二斗。

一收捕户背后山坦地租豆二斗。

一收溪头王银保地租豆乙斗。

一收胡良田鸭子四个。

一收佛塔坞地租豆七分。汪尚佃。廿七年荒。

一收磜上王钱因葬在众山纳租豆伍升。

一收在城安下酒银贰钱。

以前物件系管理人均分讫。

一收吴坑木价给主银拾两，五房分讫>

{支过谷共计：

支九百七十五秤，发五房轮谷。

支五十秤，正旦、生忌二辰祭祀。

支四十秤，百花园粿。

支四十秤，溪头黄坑坞粿。

支三十秤，贴清明羊。

支十五秤，百花园猪。

支十七秤，中元祭猪。

支六十秤，灯油。

支二十五秤，五房造酒。

支乙秤，青真坞挑谷酒。

支三秤半，各庄挑谷酒。

支三秤，冬至羹饭并人工。

支乙秤，中郡挑谷酒。

支二秤，韩村挑谷酒。

支二秤，桂庄年丁。

支二秤半，中元羹饭并人工。

支乙秤半，潘发贵年丁。

支二秤，百花园年丁。

支乙秤半，张六年丁。

支五秤，韩村年丁。

支三秤，项源年丁。

支乙秤，桂庄挑谷酒。

支三秤，项源扫仓。

共支过谷壹千贰百捌拾肆秤，仍仗谷捌百陆拾肆秤零伍斤，粜银陆拾玖两壹钱伍分，支出在后。

一收剥菜园租银壹钱八分。

一收毛岜山兴山酒钱五百文。

一收项家培柴价钱三百文。

一收溪头张家坞坦租钱五十文。

一收叶天元壆租鸭子十个。

一收正衢铺租银八分，计水酒八瓶。

一收护铺租银四分，计酒四瓶。

一收士读月下山菜园租银伍分。

一壂菜园租钱三分。无收。

一收杨鹅坑坦租钱三十文。

一收寓所酒银捌钱。

一收耀和溪桥头地租金银乙百。

一收璜铺后地租金银乙百。

一报慈庵坦乙块。荒。

一方家坦地。荒。

一收青真坞柴价钱二百。

一查氏孺人坟前地乙块，系瑜种，未纳租钱，无租约。

一来龙下坞地二块，系拱种，未写租约。

一收榨树塌柴价钱壹百五十文。

以上共收粜谷银并柴价租银陆拾壹两伍钱三分。出支于后。

支银陆钱二分文，贴清明上坟。

支乙钱二分，书院香灯。

支三两二钱，兑官丁。

支四钱，加利并除灶。

支六分，龙灯烛。

支三分，笔、墨、纸，注帐。

支乙两六钱，冬至羊。

支八钱，鱼。

支五两五钱，冬至猪。

支贰两一钱，面食、�（糖）尖豆。

支三分，挑脚。

支六钱，柑子折豆。

支贰钱伍分，枝圆。

支二分，毛边福纸。

支二分，红曲、大料。

支一钱，金银。

支一钱六分，油上酱。

支一钱二分，供单纸。

支一钱一分，闽笋、木耳、萝卜、葱。

支一钱，烛。

支一钱二分，川。

支二钱六分，厨子刀钱。

支分半，交〔奚〕（鸡）酒。

支一钱一分，吹手。

支乙两六钱，斯文送礼。

支三钱二分，各庄辞年酒。

支一钱二分，各坟奠墓。

支一分二厘，陈新富拜年。
支六钱，清明羊。
支一钱八分，清明〔奚〕（鸡）、火肉。
支一钱二分，猪肉。
支八分，银。
支三分，油。
支四分半，金银供单纸。
支一钱六分，拖禄、〔糖〕（糖）尖。
支四分，杀羊〔奚〕（鸡）子花。
支五分，红曲、大料、柴、酱。
支三分，吹手。
支一钱五分，银，上坟。
支一钱二分，毛边纸、烛、香。
支一钱二分，〔奚〕（鸡）。
支一钱七分，鸭子。
支一钱二分，油。
支乙两六钱，接风钱呈酒。
支三两二钱，中元猪。
支乙两六钱，中元羊。
支五钱，银。
支二钱，〔奚〕（鸡）。
支二钱七分，金银供　单纸。
支三分，檀速香。
支二钱二分，枣子、笋、木耳。
支九钱，面食。
支七钱七分，糖尖豆。
支一钱二分，川。
支一钱二分，吹手。

支四分，人工、饭钱。

支二钱四分，厨子刀钱。

支四分，抬猪。

支一钱二分，刷家议笔、墨、纸。

支廿四两零二分，地亩营南卫米、黄豆等项。

支六钱三分，物料。

支二两二钱，扛脚。

支二两六钱七分，加平。

支二两五钱，领蚀。

支二两，使用。

支七钱七分，加丁。

支一钱七分，火钱封筒。

前共收过粜谷银并柴价租银陆拾壹两伍钱叁分，支过柒拾四两零四分二厘，仍多支拾贰两伍钱壹分二厘。

一新买秩下式田苎坞里里租五秤，实收贰秤，又下枥坵四秤半。

支乙秤，钱一银仍五秤半，粜银四钱四分买木、石灰、铁丁，修书院西廊下屋讫。〉

〔支过谷共计：

支壹千贰百，五房均分。

支壹百贰拾伍秤，与敬宗门讼费，为青真坞庄仆事。

支壹百柒拾伍秤，凑造书院寝室并庄屋。

支壹百叁拾秤，付三房祭祀。

支陆拾陆秤，斯文灯油。

支叁拾秤，贴清明会① 首。

支壹秤拾叁斤，挑脚。

---

①原无"会"字，据历史所本"贮韩村仓计谷"条墨笔文字补。

支贰拾伍秤，上坟酒。
支拾伍秤，百花园上坟猪。
支贰秤半，补溪头秤头。
支壹秤，青真坞挑谷酒。
支壹秤半，中村挑谷酒。
支壹秤，百花园挑谷酒。
支伍秤，各佃挑酒。
支肆秤半，章溪挑脚。
支壹秤伍斤，章溪挑谷酒饭。
支叁秤半，冬至饔饭并人工饭食。
支叁拾伍秤，中元祭猪。
支叁秤，韩村发谷饭米。
支贰秤半，韩村扫仓。
支肆秤，项源发谷饭米。
支贰秤半，项源各家扫仓。
支半秤，章溪扫仓。
支陆斤，冬至挑柴饭米。
支陆斤，中元挑柴饭米。
支叁秤半，中元饔饭并人工饭食。
支壹秤半，汪祖富父子年丁。
支壹秤壹斤，张六兄弟年丁。
支贰拾肆斤，潘圣孙年丁。
支叁拾陆斤，桂庄年丁。
支贰拾贰斤，方夏富年丁。
支拾贰斤，方初寿年丁。
支陆斤，方昌富年丁。
支拾斤，方昌元年丁。
支拾斤，方瘦年丁。

支拾斤，方小九年丁。
支拾斤，方大九年丁。
支壹秤，方端兴年丁。
支陆斤，王庄年丁。
支贰拾肆斤，王凤年丁。
支拾捌斤，万有富年丁。
支壹秤，陈新寿娶①媳。
支壹秤，程福娶媳。
支壹秤，青真坞年丁。
支拾贰斤，陈庄年丁。

前项共支过壹阡捌伯伍拾捌秤壹斤半，仍剩谷玖伯陆拾贰秤拾贰斤半。照上年例，柒分交帐，该银陆拾柒两叁钱捌分半。支后。

一收各处坦租于后：
收程凤奇坦银捌钱。
收剥菜园租银壹钱捌分。
一收寓所上例与首酒折银叁钱。
一收报慈庵租银陆分。
一收方家坦租银捌分。
一收羊鹅坑租银陆分。
江节租荒。
王三毛租荒。
一收程玄寿租银伍分。
一收杨舟山租银叁分。
一收胡良田柴价银叁钱。
一收白石窟柴价银贰钱。

①原作聚，意改。下同。

一收鱼龛坞柴价贰钱。

一定黄岐岭柴价银叁钱贰分。

一收牛角湾柴价银肆钱。

一收红美坞分柴价银贰钱。

以上柴价并坦租共银叁两壹钱捌分。

叁两零陆分支帐于后：

支陆钱，付清明会首各处上坟。

支壹钱捌分，加利并色。

支捌钱，众出度孤。

支伍分，纸笔注帐。

支贰钱，书院香灯。

支壹钱陆分，龙灯烛一斤。

支叁两贰钱，兑丁银。

支肆钱壹分，加利。

支贰钱伍分，忌辰酒。

支壹两壹钱，彩旗二幅送学。

支柒分，猪肉。

支陆分，金银纸，章溪奠墓。

支陆分，项源奠墓金银纸。

支陆分，百花园奠墓金银纸。

支陆分，书院金银纸奠墓。

支贰分，王、陈二庄接收租酒饭。

支贰钱，韩村贰百贰拾陆秤挑谷酒银。

支叁两捌钱伍分，冬至羊。

支壹分伍厘，韩村交鸡酒。

支壹分伍厘，溪头交鸡酒。

支壹钱，冬至抬猪工钱。

支壹两壹钱，祭鱼。

支肆分，税纲。
支壹拾壹两，冬至猪。
支捌钱捌分，柑子。
支玖钱，枝①员。
支捌钱伍分，面食。
支捌钱，糖尖。
支捌钱，豆补糖尖。
支捌分，晒表钱。
支叁钱，供单纸。
支捌分，檀②速香。
支叁分，毛边红纸、长红绿纸。
支叁钱肆分，石烛。
支贰钱玖分，金钱。
支叁分，红曲、大料。
支玖分，酱。
支贰钱贰分，盐。
支壹钱壹分，闽笋。
支壹钱，木耳。
支壹钱，油。
支叁分，牛血。
支叁分，腌菜。
支陆分，胡萝卜、葱。
支壹钱陆分，杀猪羊刀钱。
支陆分，杀羊酒。
支捌分，吹手。

①原作支员，据前面“清明祭仪”改。
②原作坛，意改。

支陆分，厨子。
支肆钱，祭鸡。
支贰钱陆分，散夥酒。
支贰钱叁分，县中买货川。
支贰钱，时酒。
支陆钱，饯程酒。
支壹两陆钱，斯文送礼。
支壹钱，灯。
支陆分，烛。
支陆分，除夜金银纸。
支捌钱，各庄辞年酒肉。
支贰钱，元旦金银纸、酒粿，拜年。
支贰钱伍分，各庄交银酒。
支贰分，陈祚拜年。
支壹两肆钱陆分，清明羊。
支贰钱伍分，腊肉。
支贰钱贰分，塘鱼。
支壹钱贰分，香油。
支贰钱伍分，猪肉。
支捌分，供单纸。
支壹钱壹分，拖麃。
支壹分半，大料。
支叁分，柴。
支贰分，鸡子化。
支伍分，糖尖。
支贰分半，檀①速香。

①原作坛，意改。

支叁分，石烛。
支肆分，金银。
支贰分，纸。
支贰分，祭文。
支叁分，吹手。
支伍分，杀羊。
支贰分，杀羊酒。
支壹钱贰分，红烛。
支壹钱贰分，毛边祭文。
支伍钱捌分，白鸭子，上坟。
支肆钱，金银。
支叁钱贰分，供单纸。
支壹钱，火纸。
支贰两贰钱，上坟猪肉。
支叁分，官香。
支肆钱，塘鱼。
支贰钱，香油。
支壹钱，盐。
支陆分，酱。
支贰钱肆分，江村上坟鸡。
支壹钱伍分，买货酒饭。
支叁分，税纲。
支肆两壹钱，中元羊。
支壹两贰钱，糖尖。
支肆钱伍分，豆补糖尖。
支捌钱，面食。
支贰钱捌分，供单纸。
支叁分，税纲。

支陆分，捉鱼工钱。

支壹两壹钱，塘鱼。

支伍钱陆分，枣。

支贰钱，枝员。

支捌分，檀速香。

支壹钱，闽笋。

支叁分，毛边红纸。

支叁分，红曲大料。

支捌分，晒① 表纸。

支叁钱陆分，石烛。

支壹钱，香油。支少了。

支捌分，木耳。

支叁分，牛血。

支陆分，白菜、葱。透支了。

支壹钱，盐。

支玖分，酱。

支肆钱伍分，棹面鸡并神。

支贰钱，杀猪羊刀钱。

支肆分，杀羊酒。

支陆分，厨子。公平。

支叁钱，金银。

支壹钱陆分，时酒。太少。

支贰两壹钱，炙肉。

支捌分，吹手。

支贰钱陆分，散夥酒。

支陆钱，接风酒。

---

①原作赛，意改。

支贰钱伍分，下县买物川。

支陆分，挑脚。

支叁拾捌两，钱粮加平火耗在内。

支玖钱，解杠。

支壹两贰钱，兑银盘川数次封同火钱。

支贰两，付军庄头首使用，

支贰钱伍分，户房算帐酒。

支贰拾两，内拾两凑造寝室，付众支用应□等事讫。

支壹钱伍分，家议纸。

支壹钱，金银纸，内刷家议祀神。

以上共支过银壹伯壹拾玖两捌钱柒分。除前谷银并坦租柒价银柒拾两零伍钱陆分，仍外透支银肆拾玖两叁钱壹分。仍外透支银肆拾肆两贰钱柒分。并前共壹伯壹拾玖两捌钱柒分。

顺治拾肆年玖月初七日，五首共收实租谷及租银清存底账列后：

总共收实租叁阡柒伯肆秤。

支壹阡伍伯，五房均分。

支柒拾贰秤，灯油。

支壹伯贰拾秤，粿谷。

支壹伯秤，发上年排年。

支陆拾，贴上下会清明。

支玖拾陆秤肆斤。

前存银并钱共陆两伍钱肆分叁。支派于后：

一支银柒钱陆分柒，酒面议价。

支壹两壹钱肆分，新粮。

支叁分陆，差情。

支柒分柒，纸烛。

支陆分肆，中伏。

支叁两贰钱贰分，钱粮。

共支过实银伍两贰钱贰分玖。除支，仍存壹两壹钱壹分肆〕

支过银共计：

〈支三分，纸笔。

支乙分八厘，方同门前挑早谷酒。

支二分八厘，挑韩村方村挑早谷酒。

支四分半，钉秤并买苎。

支七厘，月得等挑谷并盘谷酒。

支乙分二厘，六亩垢挑早谷酒。

支五分，百花园、上坳等处挑早谷酒。

支七厘，青真坞挑早谷。

支乙分二厘，许节兴挑早谷酒。

支四两，找应孙胥杨埸工钱。

支二两，送汪兴田。

支五分，猪肉。

支四分五厘，酒。

支三分半，鸡。

支乙分二厘，象生。

支二分半，鱼。

支三分八厘，心红并烛。

支六分，布旗。

支二分半，豆。

支三分，火纸、白纸。

支二分，科马速香。

支半分，匕。

以上封青真坞山。

支乙分二厘，月得挤柴酒。

支乙分二厘，章溪挑早谷酒。

支二钱八分，县中请兴田客。

支乙分八厘，酒。兰荆坞、大尉庙、金盘坵、牌楼前等处挑谷。

支六钱，饯呈。

支乙钱二分，酒付。

支六分半，猪丑。请应时、楷、淮量桂家地。

支乙分六厘，灰面。

支三分半，包子，至杨坑做点心。

支二钱五分，松木。

支四钱二分，贴求社六家竖屋酒肉。

支二钱五分，木匠赏手。

支三钱七分，买方玉松木。

支拾两，买屋价。

支伍钱伍分，中人钱。

支三钱乙分半，成交钱。

支三钱，买铁钉。

支三钱五分，买正屋柱。

支二钱三分，买浩枋二块。

支四钱五分，妆板。

支四钱五分，桥板。

支乙两七钱，买谢家屋柱并杂木。

支四两，右保工钱。

支六钱五分，擗匠。

支二钱五分，买柱并木并枋。

支六钱五分，买灰并砖、匠工食银。

支四钱二分，找毛乞木匠工食银。

支四分，抬方村栗树工钱。

支七钱五分，买瓦二千五百，盖中厅。
支乙钱五分，挑瓦工钱。
支六钱，羊。
支乙钱，买齐猪肉，补羊肉。
支五钱，鱼。
支四钱五分，果子。
支八分，象生。
支五钱五分，面食糖。
支乙两四钱，杀齐猪。
支六分，匕。
支六分，油。
支五分，酱、醋。
支五分，闽笋、木耳。
支四分半，建黄白。
支九分，石烛。
支四分，大椒、花椒。
支二分，檀速香。
支二分，红曲、大料。
支一钱五分，呈文毛边表白长红绿。
支三分，葫萝葡、葱、莱。
支八分，时酒。
支三分，杀羊。
支三分，厨子。
支乙钱六分半，买货点心并挑磁器仆人用。
支六钱，丑系良本、熊祥文被罚银。
支乙两九钱乙分半，买磁器。
支二钱四分，清明醃肉。
支二分，火纸、象生，江村收租奠墓。

支二分七厘，杨坑奠墓火纸、象生。
支二分半，火纸、象生，项源奠墓。
支乙分二厘，书院灯并烛。
支乙分二厘，金三拜年。
支二分四厘，石七二人拜年。
支乙分二厘，朱乞孙拜年。
支五分，金三杨树弯垄坌。
支二分，天祥中人钱。
支乙两九钱八分，付柏岩公，系讲奇祥银。
支五分八厘，买鸡请良彝、良木称谷用。
支七分四厘，百花园锯樟板。
支三分，买皮板做樟艳。
支三分，毛钉钉樟艳。
支乙钱，买木做樟脚。
支七分，买鸡付新首上章溪坟。
支乙钱二分，百花园番屋。
支三分，饭米，砖匠用。
支乙分二厘，砖匠常例。
支二钱四分，番中村书院。
支乙分半，肉。
支二分四厘，酒付。
支二分，还招保杀冬至猪刀钱。
支二钱，鸭子。
支八钱八分，肉。
支乙钱六分，香油。
支六分，匕。
支乙钱，呈文纸。
支五分，象生。

支六分，夹白。

支二分半，毛边、官香。

支二分半，红烛。

支乙钱，鱼。

支五分，火纸。①

支乙钱八分，救来龙火.

支四分四厘，常例。

支二钱五分，买桶五只〔乘〕（盛）磁器。

支乙钱二分五厘，锁五把。

支二钱五分，买文祥方梅坑山。

支五分，成交酒。

支三分，找末富木匠工钱。

支九钱乙分，买继风社坛前田。

支乙钱二分，成交酒。

支二钱乙分，与楷、李过社坛前田，代纳酒。

支二钱五分，买砖门。

支七分，石灰。

支六分，砖。

支六分，工钱。

支三分，酒肉，砖匠用。

支四分，杂工。②

支三分，米。

支乙分，纸筋。

支乙钱二分，与催兴坐埜。

支二分，与长得造柘木坑塌。

---

①从“鸭子”至此，均为“清明上坟用”——原注。

②从“买砖门”至此，均为“修中村耳门用”——原注。

支乙钱四分，贴长房清明利钱。
支十一两四钱五分，粮钱并加秤。
支十两六钱五分半，外加平五钱三分，绦编。
支七钱，羊。
支四钱五分，果子。
支五钱五分，面食糖。
支五钱，鱼。
支八分，象生。
支四分，匕。
支六分，油。
支五分，闽笋、木耳。
支五分，酱、醋。
支四分半，建黄白。
支九分，石烛。
支四分，大椒、花椒。
支二分，檀速香。
支三分，葱菜。
支乙分半，大料、红曲。
支乙钱三分，呈文毛边表白长红绿纸。
支八分，时酒。
支三分，杀羊。
支三分，厨子。
支乙分半，快子。
支乙钱，买货点心，并仆人用。
支六钱，接风酒。
支二钱七分，六甲散栗酒。
支二钱五分，五甲算粮酒。
前共支过银柒拾贰两贰钱。〉

见在银计。

本①年未完事件(不许开谷银并租银,如无未完,其款下注无字)。

做田。

做堨。

修理。

木银。

帐银。

货物。

上年未完事件(亦不许开谷银并租银,此系交代时,于新册内各款下,如无未完,注无字,使接管者便查处)

做田。

做堨。

修理。

帐银。

〈程镛收安下租银六钱未付。

上二年收西房租银未付。

上二年收羊一只未付。

上二年程铿欠银乙两二钱,约在大成处,未付。

万历六年分,头首收银二两乙钱八分未付。

万历十六年分,头首程铋、链、文祥、良机、光祖五人,收新卖田租数拾贰秤正,未付。二十年,链出谷二秤,文祥出谷二秤,赔众,仍三人未付,悉凭众议。〉

木银

〈一林兴逋欠柴价柴钱。

一上二年卖鱼墘坞柴价未付。兴山人及窟存证。系程渠管理年分。

①安图万历本,后人用墨笔将“本”字改为“上”字。

一上二年付银贰两，又谷二十一秤，贴朱乞孙造屋，未造。

一王再保越界强砍田畔上木，未明。有约。〉

货物

〈韩村抽箱棹一张，系仁祥借去未还。锁三把。阔松板二块在韩村庄。

杨坑桥板一方二尺，付求社等收。

修书院仗面地砖叁拾陆块，付守祠仆收。

宗洋领去宗洢田契一纸，未付。

铿领去填注家议三本，未付。

文书契簿，铧收。

流水帐，上二年未付。〉

今将众存物件开具于后：

窦山公亲书誊契文簿一本，收。

窦山公亲书买业流水文簿□本，收。

大匣一个（铜锁并匙①。内誊新买文契簿一本，祭祀簿一本，誊租约合同文簿一本，各处山场草册二本，递年填注手册□本，山场佃约文书一本，未注手册□本）。

中匣一个（铜锁并匙②。内新买文契□纸③，租约并合同文书□纸）。

天平租秤一付（内铁祖、秤、盘、针，共四件）。

租秤一把，谷印一个，封条板一块。

各仓锁匙□个（锁俱在各仓上）。

契笼一只（内贮旧契并旧业流水文簿），收。

---

①安图万历本此处书："铜锁一把并匙，挂号家议乙本，火顶乙把，棹围一个，仍一个，上二年未付。"

②安图万历本此处书："铜锁一把并匙。"

③安图万历本此处书："程亨田契乙纸，十五年分头首未付。"

大锡香炉花瓶一付，高铁烛台一对，收。

铜鼓一付并钹及架，大鼓一面及架。

木板厨二棹（锁二把并匙②，内家议刊成板　片，盟神誓词板一片，空板　片）。

高桶二只（锁二把并匙，内磁爵三个，磁小炉瓶一付③，磁碗④百　十　个，磁杯　百　十⑤个，磁碟⑥　百　十　个）。

书院门锁一把并匙。

---

①安图万历本此处书：“书院仆人。”

②安图万历本此处书：“泥金爵杯三个并匣，烧纸铁架一个，付祠仆收。”

③安图万历本此处书：“高桶五只，锁五把，五房各收一只、一把。”

④安图万历本此处书：“三”。

⑤安图万历本此处书：“乙百五十”。

⑥安图万历本此处书：“六”，并书有：“快（筷）子乙百五十双。”

窦山公家议附录（卷八）

东西军业议

自仁率亲，自义率祖，示人有本也。夫由亲以及亲之亲，由祖以及祖之祖，斯仁之至义之尽焉。六世祖仁山公乃东、西二房之宗祖，军业创于斯，宦迹肇于斯，凡在孙子不可不知所自也，东西军业议又容已乎？故附此终焉。

议曰：仁山公生元季泰定甲子仲冬十八日，幼嗜学不群，励志经史，默谙韬略。正身率人必先德义，故虽时值兵乱，一方赖以晏然，邑儒汪环谷称其有济时才。国初，以江西行省参政邓公①荐，获佐我太祖高皇帝，下江州，取鄱阳有功，蒙降御札，授行枢密院都事，命守浮梁景德②镇。数载，甚有惠爱于民。及天下平定，即引疾归。民涕泣请留，不忍舍。既行，江东行省知其贤，命集逃民于州，凡数千户，公不一日尽复其民于市，民咸德之。寻隐淮西，屡征不起。永乐癸未六月二十八日疾终于家，享年八十。所著有《仁山遗稿》。行实载府、县志。呜呼！公之功德亦懋矣哉！今正居祠堂，当从正龛立主崇祀仁山公暨汪氏孺人，以佐、仪二公配祀，其次分列昭穆左右从祀。每岁腊月二十四日合祀正堂，除夕、元旦拜奠寝室，朝暮香灯各房轮值焉。堂前宜加置门扇，非祭祀香灯，则拂锁关闭，庶免污秽，神灵安妥。原祀天神，奉祀中楼，不致亵渎，一举两得，于礼为合。此议已布久矣，迄今未见举行，无乃因

①指邓愈。

②景德二字历史所本和安图顺治本均无。

循相袭而不加之意耶？抑亦有待而然也？兹复申前议。且上述公之功德以启后人之思，祠祀之议莫大乎是矣。

正居祠堂所以聚祖宗之精神，祠内以静洁严肃为主，今诸凡杂作秽碍已悉禁革，尚有二事当议焉。夫后堂乃祖宗燕寝之所，一尘不容，诗所谓寝成孔安是已。今各房有事，辄于此设厨烹饪，色恶臭恶，滥积于前，秽碍若斯，神何以安，殊非君子远庖厨之意。昔我东房买有祠后基地尚旷，可以起造厨屋，今议置厨于彼，无秽后堂可乎？正堂乃祖宗陟降之地，矧可射思，诗所谓閟宫有侐是已。今每每于此崇尚俳优，妆抬炫耀。不知祠内戏剧有五不韪焉：震撼喧嚣，惊我先祖，一也；唾涕便溺，污我清庙，二也；群聚纵观，内外无限，三也；燃炬通〔霄〕（宵），融风莫测，四也；满堂若狂，鼓乱致寇，五也。夫君子不作无益害有益，矧此五不韪乎？旧有禁约，止许大门外坊前敷演，不许入祠秽碍。今议复申前禁，违者立罚可乎？二事不革，则黍稷虽馨，祖宗震怒，根本不宁，枝叶将悴。迩来家门多事，子孙罕福利之报者，职此故也，可不思之？

仁山公墓在本里溪头观音堂后，安厝已迪吉矣。但清明摽记东、西各举，墓下地田系东、西各买各业，殊非一体之义，今宜合众归一，将墓下空地建立享祠，其余地租并田租，存为祭祀之需，则合异为同，幽明胥庆矣。且功德如我公而墓无志石可乎？当图之。

仁山公存日，佐、仪二公同户合爨，县佥本户吏役，命佐公往充，后罢归闲。时法网严密，犯者连坐。适有他处闲吏抵法，乃概将同时闲吏尽发充军，佐公亦不免焉。仁山公深念军役繁重，原系众家户门，遗文嘱，令佐、仪二房子孙永远轮役，不许推故争论。将存留未分田租若干存积以备军装，并所积续置田产，日后二房子孙俱不许分析变卖。后还春公与窦山公复立合同申明祖令，其意盖拳拳矣。日后二房子孙，倘有将军产分析及变卖家外人者，各房管理遍告各房家长及家众，即时理治追复，以不孝论。

仁山公所遗田租并续买田租及一应事务，每年东房即系当年管理五人内著练达者贰人，同西房为首者共理。其田租、土名、数目并款例开具于后。一年已完，各宜秉公算结，开注明白，至中元日同时交递毋违。

正居祠堂看守仆人，每年东、西给与谷拾贰秤，令其供奉香火，洁净祠宇，应时启闭门户，众事听从使役。此例宜守。

东、西二房军产税粮，旧额并续买共米贰石叁斗捌升肆合贰勺，共麦玖斗伍升肆合伍勺，立例于后，递年填注粮额若干。其里役、粮差一应公事，俱系东、西二房管理将众银应办，日后不许分析。

仁山公家议不能尽录，姑取其切要者附于卷末，以便东房管理一体遵守。若欲全刻成册，则与西房同事者共图之。

今将仁山公分下递年税粮米麦开具于后：

旧管

米

麦

新收

米

麦

实在

米

麦

东西军装田各号土名、亩步、租数开具于后。

一旧存各处田租开后：

称字一百十七号溪头亩塘坑口上边田二坵，计壹亩贰分陆厘。

称字一百二十二号汪三坞口桥头田三坵，计壹亩肆分柒厘壹毫。

称字一百二十九号李家住畔田一坵，计陆分。

称字一百三十号李家住下田一坵，计贰亩陆分壹厘贰毫。

称字一百三十一号住下田二坵，计贰亩叁分捌厘柒毫。

称字一百三十二号同处田三坵，计肆分叁厘壹毫。

称字一百四十号冢林下田一坵，计柒分叁厘壹毫。

前七号田，祖文内系总土名来富门前，共租玖拾秤（每秤计拾捌斤，称租日鸡贰只，肴银伍分，腐、菜各贰品，酒肆瓶）。佃。

珠字七十四号黄塘坞口石桥头田一坵（计壹亩伍分贰厘柒），原租贰拾秤（今减陆秤）。佃。

珠字一百八十一号胡家段银锭坵田一坵，计壹亩陆分陆厘捌毫。

珠字一百八十三号同处田一坵，计伍分肆厘贰毫。

前二号田共租肆拾秤（称租日猪、牛肉各壹品，菜，饭，酒贰瓶）。佃。

珠字四百三十号黄坑口西涧桥头（上边田一坵，计壹亩陆分），计租拾伍秤，鸡壹只。佃。

珠字四百五十三号黄坑中大湾（转角坵田一坵，计玖分叁厘捌毫），原租拾肆秤（今减肆秤）。〈住保〉佃。

珠字五百三十二号小岭上官秤坵（田一坵，计壹亩肆厘捌毫），原租贰拾秤（今减伍秤）。佃。

称字五百九十三号小岭上石桥下（田一坵，计壹亩捌分柒厘玖毫），原租叁拾叁秤（今减贰秤，年歉监收。监租日猪牛肉、腐、菜各壹品，饭，酒贰瓶）。佃。

一续买各处田租开后：

一号杨坑下坳冲景韶公坟上田一坵，计壹亩，计租拾秤。佃。

一号杨坑口太尉庙前田一坵，计陆分，计租柒秤半。佃。

一号杨坑海公坟前四亩坵并江坞（共田八坵，内壹亩壹分），该租拾叁秤零伍斤（后买共该租贰拾秤拾贰斤拾两①）。佃。

一号江项坑佛子岭下杰里并大号内（早租田。里自塘，上至坞头山，外自塘，下至主家竹湾口。共田十五坵。晚租塘下低田十坵，大塘一所）。

一号江下坑磜下田四坵（二号内共该田塘贰亩贰分）。

前二号共该租贰拾叁秤（又买滨租壹秤陆斤），鸡壹只。佃。又买泎租贰拾捌秤。②

一号江下坑直坞田□坵，计壹亩壹分，计租拾柒秤（其田因未修整，暂减租叁秤）。佃。

一号江下坑力七坞田一坵，计叁分，计租陆秤。佃。

一号下村铁炉前、舍下、鞋样坵、曲尺坵（四处内该田叁分），该租叁秤拾肆斤。佃。

一号张家段窑扈里田二坵，计壹亩伍分，计租贰拾伍秤（称租日猪、牛肉各壹品，菜，酒贰瓶）。佃。

一号张家段上湖坵田一坵，计壹亩伍分，计租拾柒秤。佃。

一号张家段下湖坵田一坵，计肆分玖厘捌毫，计租伍秤半（二号田，称租日猪、牛肉各壹品，菜，饭，酒壹瓶）。佃。

一号中村文孝庙下边田二坵，计田柒分，计早租捌秤。佃。

一号胡家段曲尺沙坵田一坵，计贰分，计租肆秤。佃。

一号梓木坑田一坵，计肆分，计租拾陆③秤。〈叶七〉

---

①北图万历三年本无“后买共该租贰拾秤拾贰斤拾两”十三字。

②北图万历三年本无“又买泎租贰拾捌秤”八字。

③历史所本和安图顺治本作，“拾贰”。

佃。

一号梓木坑头田十二坵，计贰亩贰分，计租拾陆秤。〈起付〉佃。

一号梓木坑头路上横坞田一坵（系荒），计早租柒秤。佃。

一号黄坑坞柿树湾口直锭里田一坵，计伍分，计早租伍秤半（前三号田，称租日纳肴银伍分，酒贰瓶）。〈起付〉佃。

一号黄坑坞榨下田二坵，计叁分，计租肆秤。佃。

一号七亩段唧头坵田一坵，计肆分，计租拾贰秤。佃。

一号庵口前方伯坊下田五坵，内壹亩叁分柒厘，该租贰拾陆秤伍斤（监租日猪、牛肉各壹品，菜，饭，酒贰瓶）。佃。

一号王家门前田一坵，内捌厘（又买栢寿肆斤肆两①），该租壹秤。

一号皂角树下大坵田一坵，内田壹分捌厘贰毫，该租壹秤拾贰斤拾贰两。

一号小岭上石桥头上并上大坵（田二坵，计叁亩贰分壹厘），该租肆拾伍秤零肆斤（称租日猪、牛肉各壹品，菜，饭，酒贰瓶，租鸡壹只）。佃。

一号茅栗树坞口横山殿下田一坵，计肆分，计租肆秤。佃。

一号峡山里田六坵，计肆分伍厘，计租陆秤。佃。

一号杨舟山降背坞口田□坵，计肆分，计租伍秤。佃。

一号北义坞方芝住前及查湾山山田□坵（内该壹亩），计租玖秤（称租日酒银贰分）。佃。

一号溪头高家坞口田二坵，计壹分，计租贰秤。佃。

一号高家坞塘一所，田六坵（新开成田），计租□秤。佃。

一号溪头流沙坑田二坵（原山地成田），计租贰秤（监收）。

①北图万历三年本无“又买栢寿肆斤肆两”八字。

佃。

一号章溪江家堀宅坵田三坵，内该捌分，计早租玖秤拾壹斤拾两（又买叁秤叁斤拾肆两①）。佃。

一号江家堀望母坵并坟下共田二坵，计肆分，计租陆秤。佃。

一号江村祖坟前堀里（原周胜富盗葬坟前朝山，投里，赔还此田），计租壹秤。佃。

一号江家堀井坵田一坵，计伍分，计租陆秤半（又买陆秤半）。佃。

一号江家堀杨柳坵田七坵，计玖分，计租拾捌秤。佃。

一号江村大苎园田十坵，计玖分，计租拾陆秤（又买程澋摽税租壹秤②），鸡一只（计贰斤，无鸡征银捌分）。佃。

一号蒋村黄牛堀田二坵，计柒分叁厘，计租拾伍秤陆斤肆两（又买澋租陆秤伍斤③）。佃。

一号住后来龙山脚祖坟上地一块。

一号章溪齐岭下田□坵，内租捌秤半（后买共计租贰拾陆秤拾壹斤肆两）。佃。④

一号黄岐岭下田□坵，计租〈拾秤〉。佃。

一号下村田一坵，地□块，共计租叁拾斤。佃。

一号江下坑荒田坵田□坵，计租伍秤。佃。

一号瓦碎坵田□坵，计租肆秤半。佃。

一号广济桥里边田一坵，计租陆秤。佃。

一号汪村园塘上田一坵（六股之一），内租肆秤。佃。

一号同处柿树下田一坵（六股之一），内租叁秤。佃。

---

①北图万历三年本无“又买叁秤叁斤拾肆两”九字。

②③括弧内文字，北图万历三年本无。

④从此号至第129页“汪婆坞口田”，北图万历三年本无。

一号汪村园卯山下边地（辰字一千五百六十五号，丈八十九步四分，东、北路，西浙地，南鏻墙，买佛保地）。

一号北乂口天地人叁单号内田□坵（买良稷兄弟田），计分租贰拾秤。佃。①

一号仁山公坟前原坦成田□坵，计租壹拾伍秤（旱），鸡壹只。佃。

一号新开林家住基成田一坵，计租拾秤。佃。

一号溪头塘坞口地，计租银伍分。佃。

一号溪头直坵田□坵（买礼、义分截），计租贰拾斤。佃。

一号项源小磜坑田□坵（买栢寿田），计租伍秤。佃。

一号项源里坞冲田□坵（买周祥田），计租拾陆秤半。佃。

一号杨坑周二坦行路下田一坵（买良木田），计租陆秤②。佃。

一号张家坦沙坵田壹坵（买良木），计租肆秤半。佃。③

一号下村征坵田□坵（买礼、义田），内租拾斤拾两。佃。

一号下村祖住基地□块，计租银捌分。

一号江下坑芦家竹坞口田一坵（买宗涪田），计租伍秤。佃。

一号江下坑屏坞口田一坵（买良彬田），计租伍秤。佃。

一号江村庄前田一坵（买良植田），内租半秤。佃。

一号汪婆坞口田□坵（买林三春田），内租贰秤半。佃。

一号同处枧头田□坵，计租贰秤。佃。

一号梨场坵田□坵，内租叁秤伍斤（内买渫叔侄租贰秤拾斤）。佃。

①安图万历本此处有错简并残。

②北图万历二十五年甲本此处作“内租贰秤半”。

③北图万历二十五年甲本从此号田至“汪婆坞口田”，无。

一号章溪东滨山水口埸下石榨坑王广门前田□坵，共计租贰拾秤（原周应禄盗葬大学山坟，投里，赔还此田）。

年分称收各处租谷共计。

贮胡家园仓计谷。

收各行银共计。

支过谷共计。

支过银共计。

见在银计。

本年未完事件。

上年未完事件。①

①从“年分称收各处租谷”至此，历史所本和安图顺治本均缺。

窦山公家议附录序

予五大房既定窦山公家议七卷，末复有附录一卷者何？盖我东、西二房，承祖军户，关系匪轻，故我祖仁山公建立军装，遗文俾子孙世守，以给军饷，至今赖之。我窦山公家议，虽所议不一，要亦以储备军装之所不给也。但家议缘有成议，故法守详明，人怀警饬，资产储蓄、出入盈缩，皆可稽查，而窦山公遗业日以光大。若军装，则我祖遗嘱虽严，顾二房子孙渐繁，法守渐懈，虽管理代不乏人，率不若更代管办互相稽察之为得也。是以军装所积，亦不能拓于前，使此法不议，即前业且虑其蠹耗，况能备不虞而垂不穷哉？家众因此集议，自万历元年为始，每年西房轮议二人，东房即于管理五人中着二人，与西房二人协掌，其管理区画更代稽算，悉如窦山公家议，二房子孙世守勿易。虑至深，利至远也。自更法迄今仅几年，虽未见有开拓，而资产储蓄、出入盈缩，亦历历可稽。使行之永久，我军装所积，亦何让于窦山公所积哉！附录一卷，盖议此也。噫！此法诚二房子孙所宜世守也，则此录亦宜与窦山公家议并传矣。

万历三年夏五月之吉，仁山公八世孙宗濂谨叙。

高祖仁山公遗嘱军役文书

六都程德坚，今为本户承充军役，原系众家户门。长男佐承充军役，不幸身故。次男仪亦已身故，第三男仕出继别户当差，亦行身故。佐有二子：庭春、新春。仪有一子：还春，户名乞。后蒙军前勾取户内人丁补役，德坚彼时令孙庭春前去补役。此军原系众家户役，务要佐、仪二分轮流前去军前充补军役。今德坚存日，自行分付作急賫送盘缠、衣服前去。今已年老，心思百年之后，诚恐不行依时賫送盘缠，今将户下众存田亩，批扒付当军分内收租，略办盘缠，送至辽东军前，付应役之人支用。众家或亲人去，或雇人去，共出工雇路费，务要作急賫送。所是税粮，佐、仪均解，并依此文，不可推故。如有推故不伏，依准此文。如违，将此文告官，准不孝论。但系何承充当军，收此稻谷，略助军中。所是田土，当军繁重，听自发卖，不许阻〔当〕（挡）。今将所批田亩开具于后：

银锭坵田原租肆拾秤，黄坑中大湾租拾肆平，石桥下原租叁拾叁秤，小岭山下原租贰拾秤，黄坑口桥上租拾伍秤，杨坑石桥头租贰拾秤，溪头来富门前原租玖拾秤。

所批扒前项田亩条段四至，自有经理，亦可照证。

洪武三十二年六月初十日祖父程德坚

见立文书程谷瑛

六都程德坚，所是户下田、地、山，除各人分定田入段收苗管业外，惟有溪头、项源、章溪并自己口食田亩，除批定军装田外，及住基园地、各处仆基园地、应有户下荒闲田、地、山，未曾摽分，日后并行均分，各人毋得占吝。除还春续买程友信地七分有零不在分内，今立合同文书贰纸，与各孙照证。如违，准不孝论。今批为照者。

洪武三十三年十一月十八日祖父程德坚批

见人程邦达

善和六都程德坚，今已年老，心思不幸三男皆已身故，又次孙庭春在外当军繁重，家中二孙可存留物件，作急賫送盘缠前去军前支用。有孙还春、新春，我百年之后，二孙务要和义，不许争论。应有事务，长孙还春毋得恃尊凌卑，递相争论。如违，仰新春将此文告官，准不孝论。今恐无凭，批此为照者。

洪武三十三年十一月二十五日祖父程德坚批。

善和六都程德坚，今为本户承充辽东军役事，原系众家户门。有三男：长男佐，承充军役，不幸身故；次男仪，亦病身故；第三男仕，出继别户当差，亦已身故。佐有二子：庭春、新春。仪有一子：还春，户名乞。因洪武二十二年，蒙军前文书到县，取户内人丁补役。彼时长孙还春身有病患，不能前去充补军役，德坚就令次孙庭春前去补役。系是众家户门。今德坚年老病多，心思百年之后，诚恐子孙推故，是以立文为照，务要佐、仪二分轮流前去军前充补军役，毋得恃尊凌卑，递相争论，必要遵依此文。如违，仰新春将此文告官，准不孝论。子孙并依此文为准。今恐无凭，立此为照者。

洪武三十三年十二月十五日祖父程德坚批

见立文书程谷瑛

窦山公同兄还春公申明祖父仁山公遗嘱轮流充补军役合同文书

六都程还春，有伯程佐，与父程仪同户，蒙本县点伯充吏。至洪武二十年间，取闲吏赴京，转发辽东充军，病故。后至洪武二十二年间，勾取户丁补役，彼时将弟庭春起送前去应役。至永乐三年，蒙本卫文书到县，称说病故，勾取户丁补役。今同众谪议，将祖父存日乞养到本都凌寄保在户为义子，均出盘缠支用，起送前去补役。一次系伯佐分内庭春前去补役，二次同众将寄保前去补役，三次系轮该程仪分内前去补役，四次又轮该程佐分内前去补役，所是累次盘缠，并系二分均出。在后二分照前轮当。五次又轮该程仪分，六次又轮该程佐分，七次又轮该程仪分，八次又轮该程佐分，九次又轮程仪分，十次又轮该程佐分。在后各分子孙，照依此文轮流充当。自立合同文书之后，二分各无言说。如违，将此文赴官陈告，仍依此文为准。今恐无凭，立此合同文书为用。

永乐三年三月初三日程还春书

见立文书人程友信　程敬宗　程潮宗　程丕烈

窦山公家议后跋

高祖创业诒谋，广大悉备，其克艰之心，至今可想。故老相传，典刑未泯，事出一家，情犹一体，固无俟于议也。迨嘉靖甲午火灾之后，前哲日远，祖契已成煨烬，所存无几。且人衍散居，渐成乖隔，家君深忧焉。于是，上体祖意，下集舆论，乃撰家议七卷，并附录一卷，以扬前休，以束后裔。乙巳季秋，始落成焉。二十余年，人皆训行，烝烝然有会极归极之风矣。乙丑版刻毁于回禄，而家议之不行于时者十载于兹。泯泯棼棼，无征不信。且乙巳迄今，又逾一世，其间业产之增置，人事之变迁，又不知其几矣，此家议之续刻不容以已也。所幸今岁管理铣、钱、法、沛、森，克承众欲，共图更梓，罔恤搜考之劳，殚竭心思之力，务期协夫诸论之大同，以成后来不刊之令典。顾余不佞，亦与有闻焉。其间随时斟酌，视旧加详，而宏纲要目，一遵夫前刻，无有违者。事竣，众谓余宜有言。然自揣菲剪，莫罄揄扬，但家君手泽存焉，敢容默默已耶？于是历披前后之词，三复家君之意。以天下有治人，斯有治法，故首之以管理。人本乎祖，情莫切焉，体魄所藏，事莫重焉，故受之以墓茔。以傧鬼神，则有祠焉，以仁祖考，则有祀焉，故受之以祠祀。牺牲粢盛，必有所供，故受之以田地。谷与材木，相为表里，故受之以山场。粟米力役，咸寓于农，故受之以庄佃。五谷熟则人民育，则用足，则百事成，故受之以银谷。东、西边饷，又我祖远虑之所在也，故受之以军业终焉。祛弊剔蠹，类聚条分，焕然一家之良规矣。睹河洛者思禹功，观斯议也，尊祖敬宗之心有不油然而兴乎？故观管理之议而知我祖抡材之急焉，观墓茔之议而知我祖时保之勤焉，观祠祀之议而知我祖明德之馨焉，观田地之议而知我祖创业之难焉，观山场之议而知我祖自然之利焉，观庄佃之议而知我祖逮下之仁焉，观银谷之议而知我祖会计之当焉，观军业之议而知我祖忧勤惕励之心焉。噫！方策陈而谅周道之未坠，文献泯而验杞宋之无征。斯籍也，其未坠之周道，而非无征之杞宋矣。家君作之于前，固善成我祖之德意，今余述之于后，亦敬承家君之嘉猷也。家议失而复续，众事晦而复明，兹岁管理之功不其伟欤？且前刻于乙巳，今复成于乙亥，其先后协应之期，较若画一之意，事若有待而然者，宁非我祖之灵牖其衷哉！日后孙子，能继我祖之志，而梦寐不忘，能述我祖之事，而羹墙如见。杜自私自利之图，成遵道遵路之美，则祖业日充，举家无失所之人，祖德日培，比屋成可封之俗。燕山窦氏，不得专美于前矣。岂特一乡之望，一邑之光哉！诗曰：不愆不忘，率由旧章。书曰：鉴于成宪，其永无愆。后之孙子，其敬念之哉！

万历三年岁次乙亥孟秋月中元日

嗣孙钫百拜识

嗣孙程镆　程铃
程锐　程钶
程销　程铺
程钫　程铿
程清　程湜
程宗渠　程沾
程涞　程宗濂
程道川同校正
本年管理程铣　程钱
程法　程沛
程森同校督梓
古歙黄钺、黄铉刊

窦山公家议毕

附表一　徽州祁门善和里程氏东房派族田一览表（据《窦山公家议》卷四《田地议》制）

坐落	自有田亩数	租额		与他人共有田及该得分籍、租额				买受他人田亩、租额		该保东房田亩总数	租额	
		租谷	租鸡（只）	共有田亩数	租额	东房该得田亩数	东房该得租额	田亩数	租额		租谷	租鸡（只）
六都一保	21.	197秤5斤	3	与方家10.3	103秤14斤	5.15	52秤			26.15	249秤5斤	3
六都二保	22.37	442秤12两	4							22.37	442秤12两	4
六都三保	42.71	683秤8斤	9							42.61	663秤8斤	9
六都四保	41.109	481秤9斤2两	4							41.109	481秤9斤2两	4
六都五保	10.41	284秤14斤12两	8	与西房40.815	356秤	20.4078	178秤	买程载熙秩下田9.902亩，买程载兴秩下田10.13亩	买西房租22秤12两，买程良贵等租39秤，买程载熙秩下租17秤9.5斤，买程载兴秩下租7秤6斤4两。	50.8498	548秤14斤4两	8
六都八保	8.7	111秤5斤	2							8.7	109秤12斤	2

续上表

坐落	自有田亩数	租额		与他人共有田及该得分籍、租额				买受他人田亩、租额		该保东房	租额	
		租谷	租鸡（只）	共有田亩数	租额	东房该得田亩数	东房该得租额	田亩数	租额	田亩总数	租谷	租鸡（只）
六都七保	7.35	231秤	$14\frac{1}{3}$	与西房 17.087	与西房149秤5斤 与林文显等16秤	8.5435	74秤10斤 8秤		买方榕等租39秤8.5斤，买西房租24秤13斤9两，买程载熙秩下租15秤9斤12两，买程云租77秤4斤9.5两，买程浐租1秤3斤12两。	15.8935	472秤2斤2.5两	$14\frac{1}{3}$
六都十保	4.3773	42秤								4.3773	42秤	
一都四保	4.57	33秤14.5斤								4.57	33秤14.5斤	
五都四保	54.338	846秤	$1\frac{1}{2}$							54.338	846秤	$1\frac{1}{2}$
总计	216.9343					34.1013		20.032		271.0676	3888秤13斤12.5两以每秤16斤计，共租62221斤12.5两	$45\frac{5}{6}$

附表二

《窦山公家议》中田产状况表

坐落	土名	字号	种类和亩步：田	种类和亩步：坵数	种类和亩步：塘	种类和亩步：地	种类和亩步：块数	种类和亩步：山	租佃情况	租额：租谷	租额：租鸡	租额：租膳	租额：租银	备注
一保	洪岸塘	号字号	11亩	八	一所				佃	54秤	一只			
一保	洪岸塘下段坵	号字号	8分	一					佃	8秤	一只			
一保	冷水坞	号字号	2亩1分	十					佃	21秤	一只			
一保	冷水坞上边沿山坵	号字号	4分	一					佃	4秤				
一保	冷水坞下边沿山坵	号字号	4分	一					佃	4秤				
一保	桂家门下	号字号	6分	二					佃	6秤				
一保	小塘坵	号字号	1亩	二					佃	10秤4斤				
一保	牛厄坵	号字号	2亩1分	三					佃	21秤				

续上表

田产状况表

坐落	土名	字号	种类和亩步						租佃情况	租额				备注
			田	坵数	塘	地	块数	山		租谷	租鸡	租	租银	
一保	横路上方盘坵	号字号	9分	一					佃	9秤				
一保	舍坵	号字号	1亩6分	一					佃	16秤10斤				
一保	大塘	号字号	2亩	一					佃	20秤				
一保	冷水坞口行路上路下	号字号	2亩1分	三					佃	21秤				前七号田与方家相共计租103秤14斤 程氏租52秤
一保	冢林下	号字号	2分	一						2秤				
一保	横塍下	号字号	7分	一					佃	7秤				
一保	火炉坵	号字号	2亩	一					佃	20秤				

续上表

田产状况表

坐落	土名	字号	种类和亩步						租佃情况	租额				备注
			田	坵数	塘	地	块数	山		租谷	租鸡	租膳	租银	
一保	小项坑大契坞	号字号	四分内该一分	四	一所				佃	7.5秤				原荒坦成田
一保	大契坞响塘湾	号字号		一					佃	3秤				原荒地成田
一保	王三得住畔神林下溪边	号字号		三					佃	2.5秤				前3号田，共租13秤，每秤20斤
一保	项泥冲	号字号		一	一所				佃	13秤				荒坦成田每秤20斤
一保	善寿住前	号字号	4分	二					佃	早租4秤				
一保	善寿住厥	号字号	6分	一					佃	早租6秤				
一保	下坳景韶公坟前	号字号		一					佃	早租6秤				原地成田

续上表

田产状况表

坐落	土名	字号	种类和亩步					租佃情况	租额				备注
			田	坵数	塘	地	块数	山		租谷	租鸡	租膳	租银	
一保	下坳冲岭下	号字号	8分	一					佃	8秤				
一保	林梅坞口	号字号	1亩6分	一					佃	20秤（12秤）				今裁8秤剩12秤
一保	东坑箬梗冲	号字号		一					佃	5秤5斤				每秤20斤
一保	陈大坵	号字号		二					佃	10秤				买法玉田
二保	土墈头	巨字号	3亩	一					佃	早租42秤（40秤）	一只			今减2秤，剩40秤
二保	界上金盘	巨字号	1亩	一					佃	15秤				
二保	太尉庙前	巨字号	4亩2分	三					佃	60秤	一只			
二保	胥杨庙上叶虎住前	巨字号	1亩4分5厘	一					佃	21秤10斤				

续上表

田产状况表

坐落	土名	字号	种类和亩步						租佃情况	租额				备注
			田	坵数	塘	地	块数	山		租谷	租鸡	租膳	租银	
二保	谢福礼门前	巨字号	8分	一					佃	早租8秤				
二保	万初门前蓼沙坵	巨字号	四分内该一分计：2分7厘	一					佃	4秤(3秤)				今减1秤，剩3秤
二保	牌楼前	巨字号	6分	二					佃	9秤				
二保	方村厂头	巨字号							佃					因水推未议租买程铤、程链分籍
二保	林家坞口	巨字号							佃					因水推未议租买程铅分籍
二保	方村兰荆坞口	巨字号		三					佃	20秤				每秤20斤
二保	方村鱼塘背	巨字号							佃	4.5秤				买程铋田
二保	方村胥杨庙前	巨字号	其田四分中该一分						佃	3.5秤				买程铋田

续上表

田产状况表

坐落	土名	字号	种类和亩步						租佃情况	租额				备注
			田	坵数	塘	地	块数	山		租谷	租鸡	租膳	租银	
二保	四家坞	巨字号		五	一所				佃	18.5秤				买程策田
二保	畈畔下	巨字号	1亩	一					佃	14秤				
二保	磨房塝下中截	巨字号	5分5厘	一					佃	7.5秤				
二保	牙家路下	巨字号	7分	一					佃	10.5秤				
二保	三亩坵	巨字号	3亩	二					佃	40秤12斤	一只			
二保	沙坵	巨字号	2分5厘	一					佃	3秤12斤12两				
二保	高岸坵名坦上	巨字号	7分5厘	一	一所				佃	早租10秤				
二保	粉壁段	巨字号	2亩8分	一					佃	42秤(36秤)	一只			今减6秤，剩36秤

续上表

田产状况表

坐落	土名	字号	种类和亩步						租佃情况	租额				备注
			田	丘数	塘	地	块数	山		租谷	租鸡	租膳	租银	
二保	松木段	巨字号	2分	一					佃	早租2秤14斤				
二保	湖里	巨字号	1亩8分	一					佃	27秤				
二保	叶初保住贩	巨字号							佃	早租2秤				
二保	林村萝葡莱田	巨字号		一					佃	早租8秤				
二保	林村高岸剥莱园	巨字号		四					佃	早租6秤				
二保	林村高岸剥莱园	巨字号		一			一		佃	早租5秤				
二保	眮塝下	巨字号		一						4秤				买程铋田
二保	禾场坵	巨字号		一						13秤				买程湄田

续上表

田产状况表

坐落	土名	字号	种类和亩步						租佃情况	租额				备注
			田	坵数	塘	地	块数	山		租谷	租鸡	租膳	租银	
二保	板栗树下	巨字号								20秤				
二保	下沙坵	巨字号								13秤				
二保	榫树岭下	巨字号								3 秤				
二保	流河坵	巨字号								12秤				
二保	方村曲尺坵	巨字号												
二保	张家段	巨字号								0.5秤				
三保	文孝庙前路下长坵	阙字号	1亩9分5厘	一					佃	38秤	一只			
三保	牌楼上喇头	阙字号		一					佃	1 秤				

续上表

田产状况表

坐落	土名	字号	种类和亩步						租佃情况	租额				备注
			田	坵数	塘	地	块数	山		租谷	租鸡	租膳	租银	
三保	庙前长坵界下	阙字号	3亩9分5厘	四					佃	56秤	一只			
三保	庙前横路下塘上	阙字号	1亩3分	二					佃	20秤				
三保	庙前溪边	阙字号	8分	一					佃	12秤				
三保	庙前门下	阙字号	6分5厘（1亩3分，该一半）	三					佃	7秤(11.5秤)				又买西房租2秤及程宗滔租2.5秤，实11.5秤
三保	庙上左边高田	阙字号		一					佃	0.5秤				原山脚成田
三保	行路上店边	阙字号		一					佃	早租1秤6斤				
三保	何家冲	阙字号	2亩3分	一					佃	23秤				

续上表

田产状况表

坐落	土名	字号	种类和亩步						租佃情况	租额				备注
			田	坵数	塘	地	块数	山		租谷	租鸡	租膳	租银	
三保	下村横路上	阙字号	1亩2分3厘	一					佃	8秤				
三保	鲤鱼塘 坞塘下	阙字号	2亩	六	一所(该一半)				佃	18秤				塘一半，计5分6厘3毫
三保	宜坞里	阙字号	2亩8分	二					佃	24秤				
三保	张家段上厂田	阙字号	3亩	一					佃	46秤	一只			
三保	张家段界下田	阙字号	3亩零	二					佃	49秤	一只			
三保	张家段	阙字号		一					佃	11.5秤				
三保	社坛前	阙字号							佃	2秤				

续上表

田产状况表

坐落	土名	字号	种类和亩步 田	坵数	塘	地	块数	山	租佃情况	租额 租谷	租鸡	租膳	租银	备注
三保	庙下坞	阙字号		四					佃	9.5秤				
三保	兰香坞口	阙字号		一					佃	27秤				
三保	花桥下畘头	阙字号		一					佃	3秤				
三保	廖家坞	阙字号		一						早租7秤				
三保	百花园坟前	阙字号		六	一所				佃	早租43秤				因造庄墙，减3秤，实40秤
三保	方家坟前	阙字号	5分	一						早租5秤				
三保	方家坟前路下长坵	阙字号		一						20秤18秤				今减2秤，实18秤。
三保	捕户门户	阙字号	9分3厘	一					佃	5秤				

续上表　　田产状况表

坐落	土名	字号	种类和亩步						租佃情况	租额				备注
			田	坵数	塘	地	块数	山		租谷	租鸡	租膳	租银	
三保	张胜弯	阙字号		一					佃	早租6秤				
三保	黄泥坵	阙字号	1亩6分	一					佃	16秤				
三保	禾场坵 牛厄坵	阙字号	该一半，计1亩	二					佃	12秤				
三保	中八亩段方坵	阙字号	1亩	一					佃	12秤				
三保	中八亩段曲尺坵	阙字号	1亩7分						佃	17.5秤	一只			
三保	观音堂前三亩坵	阙字号	3亩6分	一					佃	原租40秤，今减4秤，实36秤	一只			
三保	上下马坞坳	号字号	4亩	三					佃	42秤	一只			
三保	吴坑坞小坞高田	号字号		一	一所				佃	早租4秤				

续上表

田产状况表

坐落	土名	字号	种类和亩步						租佃情况	租额				备注
			田	坵数	塘	地	块数	山		租谷	租鸡	租膳	租银	
三保	野塘并塘上田	珠字号	四分中该一分	三					佃	分租6秤，又买租0.5秤，实6.5秤	一只			监收
三保	野塘下田	珠字号	8分	一					佃	8秤				
三保	鹅颈坵	珠字号	2亩3分	二					佃	早租23秤				
三保	麦坞口果儿坵	珠字号	2亩2分	一					佃	原租22秤，今减2秤，实20秤	一只			
三保	菖蒲坵			一					佃	4秤2斤				买程大位田
三保	吴坑坞头								佃	20秤				买程淳、程淦田
四保	住前月山嘴	珠字号	2亩8分	二					佃	55秤（监收）	一只			
四保	胡家段西长坵	珠字号	9分	一					佃	18秤				

续上表

田产状况表

坐落	土名	字号	种类和亩步						租佃情况	租额				备注
			田	坵数	塘	地	块数	山		租谷	租鸡	租膳	租银	
四保	胡家段西长坵	珠字号	2分5厘	一					佃	5秤				
四保	葫芦坵	珠字号	7分9厘	一					佃	7秤				
四保	广济桥头	珠字号	7分	一					佃	14秤				
四保	广济桥上田	珠字号		一					佃	16秤				原塘地成田
四保	塘坑	珠字号	15亩5分	十六					佃	原租133秤，减3秤，实130秤	二只			
四保	梓木坑方三[illegible]口	珠字号	8分2厘3毫	二					佃	早租10秤				
四保	梓木坑	珠字号	1亩6分	二					佃	20秤	一只			
四保	羊鹅坑杨家坦	珠字号	4亩1分	十四					佃	10秤，又买西房3秤5斤，实13秤5斤				每秤18斤

续上表

田产状况表

坐落	土名	字号	种类和亩步						租佃情况	租额				备注
			田	坵数	塘	地	块数	山		租谷	租鸡	租膳	租银	
四保	汪村园塘上	珠字号	3亩	一					佃	监收				买程镐田
四保	汪村园柿树下	珠字号	2亩6分	一					佃	分租监收				买程镐田
四保	黄坑坞口黄泥坵	珠字号		二					佃	早租11秤，又买13秤，实24秤				
四保	和溪桥头	珠字号								24秤				
四保	和溪桥头茅田降下	珠字号								16秤				
四保	月山嘴	珠字号								12秤				
四保	印山下	珠字号								2.5秤				
四保	小岭上许坞口	珠字号								3.5秤				

续上表

田产状况表

坐落	土名	字号	种类和亩步						租佃情况	租额				备注
			田	坵数	塘	地	块数	山		租谷	租鸡	租牲	租银	
四保	胡家段槐花坵	珠字号								13秤				
四保	羊鹅坑降上	珠字号								20秤				
四保	许家住上周家坵	珠字号								15秤				
四保、	桂家坞口沿山锭坵界下田	珠字号	1亩6分	一					佃	9秤				
四保	汪记社住基里外	珠字号	2亩6分6厘6毫	十一	二所				佃	11秤				
四保	桂家坞口和汪记社住基二号								佃	6秤6斤				买西房租
四保	桂家坞口住畔下末	珠字号	1亩9厘	一					佃	早租4.5秤				

续上表

田产状况表

坐落	土名	字号	种类和亩步						租佃情况	租额				备注
			田	坵数	塘	地	块数	山		租谷	租鸡	租膳	租银	
四保	坑外路下沿山长碇坵田	珠字号	6分	一					佃	2秤				
四保	住前坑上沿坑田	珠字号	7分6厘	二					佃	2秤				
△	前三号内又买西房租									2秤12.5斤				
四保	榫树坞口	珠字号		五					佃	早租3秤				原荒
四保	坑下山嘴	珠字号		一										
四保	榫树坞口中段横路上	珠字号	7分5厘	三					佃	3.5秤				
△	前二号内又买西房租								佃	3秤3.5斤				

续上表　　田产状况表

坐落	土名	字号	种类和亩步						租佃情况	租额				备注
			田	坵数	塘	地	块数	山		租谷	租鸡	租膳	租银	
四保	柿树湾口沿山长坵	珠字号		四					佃	旱租 2秤3斤12两				原山脚成田
四保	石家大坵及界下官坵	珠字号	3分3厘	二					佃	3秤5斤10两				
四保	芦家坞口	珠字号		一					佃	旱租 3斤12两				
四保	朝山下	珠字号	2分5厘	一					佃	0.5秤				
四保	黄坑塘坞	珠字号			一所				佃	塘该一半，今成田，监收				
四保	黄坑坞行者亩坵	珠字号		一					佃	9秤5斤				买程栋田
五保	陈进住前里外	称字号							佃	70秤	三只			
五保	炭灶坞口	称字号	2亩	五					佃	旱租 18秤				

续上表

田产状况表

坐落	土名	字号	种类和亩步：田	坵数	塘	地	块数	山	租佃情况	租额：租谷	租鸡	租膳	租银	备注
五保	炭灶坞头	称字号	2亩	四					佃	早租18秤				
五保	中坞里中坦	称字号		四					佃	早租9秤				
五保	中坞口	称字号		一					佃	8秤				
五保	中坞口淡竹山	称字号							佃	3秤				
五保	吴云住前里外	称字号							佃	61秤	三只			
五保	青真坞石匪里新垦田	称字号		二					佃					
五保	柘木坑马培坞口	称字号		一					佃	2秤				
五保	柘木坑口	称字号	7分	五					佃	10秤				

续上表

田产状况表

坐落	土名	字号	种类和亩步：田	坵数	塘	地	块数	山	租佃情况	租额：租谷	租鸡	租膳	租银	备注
五保	青裹坞并端二坞口	称字号		四					佃	12秤				
五保	王家住上	称字号	1亩5厘	三					佃	90斤				
五保	王家住外神林前	称字号	7分8厘	五					佃	150斤				
五保	红林坞口	称字号	1分	一					佃	8.5秤				每秤18斤
五保	王舟山	称字号								1秤				买周祥田
五保	叶家姐	称字101号		一					佃	5秤				原地成田
五保	石连坵丈鼓坵	称字106、108号	1亩	一					佃	11秤				原二坵，今开成一坵
五保	堨头石仓坵	称字167号	1亩6分	二					佃	20秤	一只			

续上表

田　产　状　况　表

坐落	土名	字号	种类和亩步：田	种类和亩步：坵数	种类和亩步：塘	种类和亩步：地	种类和亩步：块数	种类和亩步：山	租佃情况	租额：租谷	租额：租鸡	租额：租膳	租额：租粿	备注
五保	交加坞湾口	称字180号		二					佃	2秤 又买3斤12两 实2秤3斤12两				原地成田
五保	承田坞口	称字153号	3分3厘	四					佃	3秤				
五保	承田段	称字165号	6分2厘	二					佃	5秤	一只（与下行合计）			
五保	承田段	称字166号	2分3毫	一					佃	2秤				
五保	凤凰坦								佃	1秤3斤				
五保	枧头	称字42号		一										原地成田。以下为东西房相共田租
五保	羊角坵	称字44号	2分7厘3毫	一										
五保	汪留保住前	称字46号	1分4厘1毫	一										

续上表

田产状况表

坐落	土名	字号	种类和亩步						租佃情况	租额				备注
			田	坵数	塘	地	块数	山		租谷	租鸡	租膳	租银	
五保	住前山坞口	称字47号	田、塘5分5厘	二	一所									
五保	汪留保门下	称字50号	3分1厘9毫	一										
五保	杨家坦	称字53号	4亩1分1厘	五										
五保	杨家坦路下	称字54号	7分2瓪1毫	四										
五保	行路下	称字55号	4分4厘4毫	五										
五保	路边汪六住前	称字57号	6分4厘8毫	一										
五保	葫芦坵	称字59号	9分4厘1毫	一										
五保	下塘坞口	称字60号	5分	一										

续上表

田产状况表

坐落	土名	字号	种类和亩步						租佃情况	租额				备注
			田	坵数	塘	地	块数	山		租谷	租鸡	租膳	租银	
五保	窑坵	称字61号	9分8厘	一										
五保	八亩段	称字62号	1亩2分2厘5毫	四										
五保	八亩段	称字64号	1亩5厘	一										
五保	八亩段月坵	称字66号	8分5厘4毫	一										
五保	八亩段	称字68号	8分4厘4毫	一										
五保	八亩段	称字69号	8分4厘4毫	一										
五保	圣主庙下	称字73号	3分1厘4毫	三										
五保	圣主庙下厂头	称字74号	1亩4分6厘	五										原地成田

续上表

田产状况表

坐落	土名	字号	种类和亩步						租佃情况	租额				备注
			田	坵数	塘	地	块数	山		租谷	租鸡	租膳	租银	
五保	黄主岭背	称字75号	8分	八										
五保	南山下	称字123号	1亩4分7厘9毫	六										
五保	李家住前	称字124号	1分2厘	一										
五保	李家住湾	称字127号	9分6厘	一										原地成田
五保	李家住畔	称字128号	9分8厘	一										原地成田
五保	来富住基	称字133号	7分3厘8毫	一										
五保	程公三住后坞	称字135号	7分8厘	一										原地成田
五保	血茶坑口上	称字141号	4分7厘5毫	二										

续上表

田产状况表

坐落	土名	字号	种类和亩步						租佃情况	租额				备注
			田	坵数	塘	地	块数	山		租谷	租鸡	租膳	租银	
五保	血茶坑口	称字142号	2亩7厘	三										
五保	南源坞	称字146号	1亩6分2厘1毫											
五保	南源坞	称字147号	1亩4分4厘3毫											
五保	南源坞	称字148号	2亩8毫	五										
五保	承天坞口	称字151号152号	2亩8分5厘6毫	四										
五保	承天坞口	称字155号	1亩4分1厘2毫	一										
五保	林家住下路上	称字157号	1亩3分2厘9毫	二										
五保	观音堂前溪边	称字171号	2分8厘4毫	一										

续上表

田产状况表

坐落	土名	字号	种类和亩步						租佃情况	租额				备注
			田	坵数	塘	地	块数	山		租谷	租鸡	租腊	租银	
五保	深水坵	称字175号	1亩2分3厘3毫	一										
五保	观音堂前	称字176号	2亩3分9厘6毫	二										
五保	黄土墈	称字177号	2分5厘8毫	四										
五保	庙下北义口	称字203号	1亩3分5厘5毫	五										
										前田共租356秤，与西房相共，东房该178秤，又买西房14秤12.5斤，7秤6斤4两，实际东房得租199秤18斤12两				
	买程良贵田									1秤				
	买程秋元田									20秤				

续上表

田产状况表

坐落	土名	字号	种类和亩步						租佃情况	租额				备注
			田	坵数	塘	地	块数	山		租谷	租鸡	租膳	租银	
	买汪玉泉田									18秤				
	张家坞口下山溪边	□字32号	5分	二						5秤				以下为东房买受西房程载熙秩下分籍田
	汪家住上行路山边			一						0.5秤				
	视头	43号	1分4厘8毫	一										
	汪留保住前	45号	3分7厘7毫	二										
	汪家住前溪边	46号	7厘1毫	一										
△	前三号	共计田	5分9厘6毫							4秤				
	宋家坞口下山溪边	93号	5分	五						3.5秤				原荒田

续上表

田产状况表

坐落	土名	字号	种类和亩步						租佃情况	租额				备注
			田	坵数	塘	地	块数	山		租谷	租鸡	租膳	租银	
	黄土坑	94号	1亩2分5厘	六						10秤				原荒田
	叶家坞	101号		六						7秤				原地成田
	叶家坞下仍山油麻坵	101号		一						4秤				
	叶家段	102号	9分	二						9秤				
	石迹坵	106号	5分	一						5秤				
	小黄泥坵	108号	4分	一						4秤				
	葫芦坵	112号	1亩6分	二						16秤				
	亩塘段行路下溪边	114号	4分2厘	二						1秤				水推，减租额

续上表

田 产 状 况 表

坐落	土名	字号	种类和亩步						租佃情况	租额				备注
			田	坵数	塘	地	块数	山		租谷	租鸡	租膳	租银	
	承天坞口	153号	3分3厘	二						3秤				
	林家住前路下	159号	7分1厘7毫	二						6秤				
	横路上方坵	163号	1亩3分1厘9毫	一						20秤				
	承天段	165号	6分2厘	二						5秤				
	承天段界下	166号	2分5厘	一						2秤				
	交加坞湾口	180号		二						1秤				原地
△	前各号									105秤12斤，东房买受六分中合得一分，计租17秤9.5斤		凤凰坦胡田二号，计租伍拾伍秤		

续上表

田产状况表

坐落	土名	字号	种类和亩步						租佃情况	租额				备注
			田	坵数	塘	地	块数	山		租谷	租鸡	租膳	租银	
	张家坞口上坦上	25号		四						3秤				以下为东房买受西房程载兴秩下分籍田
	上塘坞	51号	3分	四						3秤				
	胡坵田	56号	9分4厘	一						9秤				
	葫芦坵界下	59号	8分4厘	一						7.5秤				
	八亩段	63号	1亩7分3厘8毫	一						12.5秤				
	各半坵	65号	8分7厘5毫	一						7.5秤				
	月坵界下溪边	66号	1亩	一						8.5秤				
	宋家山	94号	1亩零	八						3秤				荒田

续上表

田产状况表

坐落	土名	字号	种类和亩步						租佃情况	租额				备注
			田	坵数	塘	地	块数	山		租谷	租鸡	租膳	租银	
	叶家坦石连坵	107号	1亩	一						9秤				
	亩塘段狂坵	113号	1亩6分7厘7毫	一						13秤				
	交加坞湾口	180号	原地8厘	二						1秤				
	凤凰段下末坵	193号	6分8厘	二						6秤				
	北乂口	247号		三						6秤				
	△前各号田									89秤买程滴十二分中一分，该租7秤6斤4两				
七保	柜树湾凌辉乞住上	光字1066号	2亩7厘	一										
七保	柜树湾界上	光字1068号	2亩5分1厘	三										

续上表

田产状况表

坐落	土名	字号	种类和亩步						租佃情况	租额				备注
			田	坵数	塘	地	块数	山		租谷	租鸡	租膳	租银	
七保	柜树湾行路界下	光字1075号	2亩7分7厘	六										
	△前三号田								佃	75秤	二只			每秤18斤
	周家山			十二										
	许家柄			一										
	纸皮坵			一										
	柿树背			二										
	中臼坑			三										
	住前山下段			七										

续上表

田产状况表

坐落	土名	字号	种类和亩步						租佃情况	租额				备注
			田	坵数	塘	地	块数	山		租谷	租鸡	租牲	租银	
	石印坵下段			三										
	三角坵			一										
	石溪里 圳头路下			一										
	桥头 横路上			一										
△	前十号田			32					佃	12秤	一只			买方榕分籍
									佃	又买方治、方天仁、方应分租27秤8.5斤	□只			
七保	黄沙坞口 沿山里			一					佃	1秤				该一半
七保	双坑口			一					佃	3秤				

续上表

田产状况表

坐落	土名	字号	种类和亩步						租佃情况	租额				备注
			田	坵数	塘	地	块数	山		租谷	租鸡	租膳	租银	
七保	柜树湾桃树岭下凌家住前水口								佃	23.5秤				每秤20斤
七保	田尾坞								佃	11秤				
七保	王田冲			二					佃	4.5秤				
七保	许家岭下								佃	12秤				每秤20斤
七保	王南山下								佃	10斤				
七保	杨树塌蒯头								佃	1秤				买程铨田
七保	项家岭下								佃	8.5秤				
七保	榉木湾桃树岭下								佃	62秤	一只			买程鲁田每秤18斤

续上表

田产状况表

坐落	土名	字号	种类和亩步						租佃情况	租额				备注
			田	坵数	塘	地	块数	山		租谷	租鸡	租膳	租银	
七保	榉木湾枫树坞口			四					佃	18秤				买程鲁田
七保	碂下鱼塘坵									4秤				
七保	田尾坞									30斤				
七保	中旧坑									5秤				买程浩田
	杨树埸低坴	1106号	2亩8分8厘5毫	六										以下承租和买受西房分籍
	汤三坵	1107号	2亩5分6厘9毫	二										
	汤三坵	1108号	2分4厘	一										
七保	汤四坵	1111号	2亩8厘5毫	四										

续上表

田产状况表

坐落	土坵名	字号	种类和亩步						租佃情况	租额				备注
			田	坵数	塘	地	块数	山		租谷	租鸡	租膳	租银	
七保	宋家山上边	1127号	1亩5分	二										
七保	宋家山坟下边	1128号	6分1厘	二										
七保	宋家山坟下边	1129号	5分2厘9毫	三										原地成田
七保	宋家山坟下边	1131号	3分7厘5毫	二										
七保	宋家山	1132号	4分4厘	三										
七保	宋家山	1135号	2分4厘	一										
七保	住前	1153号	5分7厘1毫	一										
七保	住前界上		3分5厘	二										原地成田

续上表

田产状况表

坐落	土名	字号	种类和亩步						租佃情况	租额				备注
			田	坵数	塘	地	块数	山		租谷	租鸡	租膳	租银	
七保	路下溪边	1154号	1亩7分6厘	四										
七保	汪住保见住基	1158号	1亩1分5厘4毫	二		4厘2毫								
七保	磜下王田冲	1181号	8分7厘9毫	二										
七保	柿树背及杨树塌头	1124号	3分											水推损
七保	磜下汤子坑口路边长坵		6分	二										
△	前号各田									共租149秤5斤 东房74秤10斤				
										买程锆6秤3斤6两 买程镜3秤1斤11两				
										买程启6秤3斤6两 买程谟4秤10斤1两				

续上表

田产状况表

坐落	土名	字号	种类和亩步						租佃情况	租额				备注
			田	坵数	塘	地	块数	山		租谷	租鸡	租膳	租银	
										买程梦霓3秤1斤11两 买程三寿1秤8斤6两				
										共买租24秤13斤9两 东房总租98秤23斤9两				
	宋家山		1亩1分5厘	一						10秤				以下为东房买受西房程载熙秩下分籍田租
	陈家住上			一						12秤				原荒地成田
	小石磜坞			四						8秤				原山脚成田
△	前三号田								佃	30秤 东房买锠5秤 买镜2.5秤				
	陈家住上及畘头过水坵			二						5秤，买锠2.5秤 买镜1秤3斤12两				原山地成田
	程东坑黄沙坞								佃	2秤6斤				买程淳、程洤田

续上表

田产状况表

坐落	土名	字号	种类和亩步						租佃情况	租额				备注
			田	坵数	塘	地	块数	山		租谷	租鸡	租膳	租银	
	汤子坑洪下									2秤				买程文田
八保	七亩段厂头	果字号	4亩5分	二					佃	40秤	一只			
八保	七亩段末		2亩	二					佃	16秤	一只			
八保	七亩段末		1亩6分	二					佃	22秤				万历三年买
八保	汤子坑口路边长坵	果字43号	6分	二					佃	8秤，又买4.5秤又买1秤14斤				
八保	项坑方同门前				一眼				佃	13秤15斤				每秤20斤
八保	七亩坦								佃	5秤				每秤22斤
七保	黄狗岭	光字号							佃	17秤因水推，减1秤实16秤	一只			此田地山，田地与林文显子孙共业，山与方齐共业

续上表

田产状况表

坐落	土名	字号	种类和亩步					租佃情况	租额				备注
			田	坵数	塘	地	块数	山		租谷	租鸡	租膳	租银	
七保	蒋村小肠坵	光字193号	5分8毫	一					佃	3秤				
七保	齐岭下	光字号		六						4秤7斤	三年一只			
	江相沙坵益坵泥长坵									10.5秤	0.5只			买程漳田，每秤15斤
	江村石磔坑									1秤				以下系买受程云秩下田地租
	望母坵									5秤3斤12两				
	行路下									4.5秤				
	柿母坣									5秤				
	明郎屋基									8秤1斤				

续上表

田产状况表

坐落	土名	字号	种类和亩步						租佃情况	租额				备注
			田	坵数	塘	地	块数	山		租谷	租鸡	租膳	租银	
	冢林背									1.5秤				
	茶培坑									2 秤				
	门前崖									3.5秤				
	竹匠门首									4.5秤				
	二十坵									2.5秤				
	马舍坞			三						早租 5 秤				
	大苎园			四						5秤9斤				
	大苎园			四						6 秤13.5斤				

续上表

田产状况表

坐落	土名	字号	种类和亩步						租佃情况	租额				备注
			田	坵数	塘	地	块数	山		租谷	租鸡	租膳	租银	
	大茳山			九						早租20秤				买程桥一半，买程云一半，
	大茳山			七						5秤3斤12两				
	啫里			四						22秤减一秤，实际为21秤	一只			
	沿山坵			三						2秤				内荒一坵，实余二坵
	根杆坵									8斤				
	窑坵									2秤5斤				
	塘里			一						2秤10斤				
	陷泥坵			一						1秤3斤				

续上表

田产状况表

坐落	土名	字号	种类和亩步						租佃情况	租额				备注
			田	坵数	塘	地	块数	山		租谷	租鸡	租譆	租银	
	胡溪岭下									9秤3斤	一只			
	叶龙坑									20.5秤	一只			
	叶龙坑庙前，庙上			四						8秤				
	坤堂			二						3秤				
	金盘坑磜上			九						28秤	二只			
	金盘坑磜下			四						7秤				
	炭灶坞岭下并溪边			七						4.5秤				
	竹林坞合坞庄基地									40秤3斤，减3秤实有37秤3斤	二只			

续上表

田产状况表

坐落	土名	字号	种类和亩步						租佃情况	租额				备注
			田	坵数	塘	地	块数	山		租谷	租鸡	租膳	租银	
	杨树垅									1.5秤				
△	前各号田			63					总租	236秤3斤，五大分买程桥10秤，买程鍊28秤4斤5两，买				
										周元37秤10.5斤，买程浉1秤5斤12.5两，总共买租77秤4斤9.5两				
	江村竹匠住基地屋										一只			内买程鍊、周元兄弟分截，租银无数字
	江村佛啫里									1.5秤				
	大苎山									4秤				
	大苎山									3秤				
	梨长坵									4.5秤				

续上表

田产状况表

坐落	土名	字号	种类和亩步						租佃情况	租额				备注
			田	坵数	塘	地	块数	山		租谷	租鸡	租膳	租银	
△	前四号田									买程浵租 1秤3斤12两				
十保	许家段	李字333号	1亩1分1厘9毫	一										
十保	许家段界下田	李字333号	.5分	一										
△	前二号田								佃	12秤				每秤18斤
十保	许家坦塘坑坞	李字943号	61步	一										
十保	许家坦塘坑坞	李字947号	601步	三										
△	前二号田								佃	28秤				每秤20斤
十保	许家坦水埠头斵			一					佃	2秤				每秤20斤

续上表

田产状况表

坐落	土名	字号	种类和亩步						租佃情况	租额				备注
			田	坵数	塘	地	块数	山		租谷	租鸡	租膳	租银	
一都四保	朱乞孙门前下横塍		8分7厘	一					佃	8秤14.5斤				每秤20斤
一都四保	住前山堨头		2分	一					佃	早租2秤				每秤20斤
一都四保	朱家坟前		1亩3分	一					佃	11秤				每秤20斤
一都四保	程家坞口六亩坵		2亩2分	一						22秤，该一半，又买钏分籍，共租11秤18斤4两				每秤20斤
五都四保	大塍上方村界厂头	巨字号	1亩5分	一					佃	23秤（监收）	一只			
五都四保	大塍下枫林底第一坵	丽字200号	3亩3分7厘5毫						佃	51秤				
五都四保	同号第二坵	丽字200号	2亩7分5厘4毫	一					佃	46秤				
五都四保	大塍下山边		6分	一					佃	早租5秤				

续上表

田产状况表

坐落	土名	字号	种类和亩步						租佃情况	租额				备注
			田	坵数	塘	地	块数	山		租谷	租鸡	租膳	租银	
五都四保	高岸名五亩里	丽字223号	1亩8分3厘2毫	一										
五都四保	高岸名五亩里	丽字215号	6分5厘	一										
五那四保	高岸名五亩里	丽字216号	2亩4分5厘8毫	一										
△	前三号田								佃	78秤				
五都四保	旧住基横路上	丽字203号	2亩	一					佃	35秤				
五都四保	旧住基前	丽字204号 205号	2亩9分4厘6毫	一					佃	39秤				
五都四保	吕家门前	丽字206号 207号	3亩9分9厘2毫	一					佃	60秤				
五都四保	新住基前	丽字209号	6分	一					佃	9秤				

续上表

田产状况表

坐落	土名	字号	种类和亩步						租佃情况	租额				备注
			田	坵数	塘	地	块数	山		租谷	租鸡	租膳	租银	
五都四保	方坵	丽字231号	2亩5分2厘9毫	一					佃	40秤				
五都四保	窟坵	丽字237号	1亩7分1厘7毫	一					佃	30秤				
五都四保	苎塝下山	丽字222号	3亩1分4毫	一					佃	46秤				
五都四保	方家住下	丽字192号	2亩2分	二					佃	36秤				
五都四保	旧住基		7分7厘6毫	一					佃	12秤				
五都四保	冢林前		1亩1分零	一					佃	17秤	半只			
五都四保	方家住畔大塝上低泷		1亩2分9厘4毫	一					佃	20秤				
五都四保	高大坵		1亩	一					佃	15秤				

续上表

田产状况表

坐落	土名	字号	种类和亩步					租佃情况	租额				备注
			田	坵数	塘	地	块数	山		租谷	租鸡	租膳	租银	
五都四保	方家住前大塝下低泷		2亩9分3毫	二					佃	45秤				
五都四保	上湖大长坵		3亩3分8厘7毫	一					佃	52.5秤				
五都四保	中湖大长坵		3亩3分8厘7毫	一					佃	52.5秤				
五都四保	下湖大长坵		3亩3分8厘7毫	一					佃	52.5秤				
五都四保	小长坵猫儿崖		3亩5分2厘	二					佃	52.5秤，去塝一截成田加2秤，造屋取路减1秤，实49.5秤				
五都四保	榧坑口		1亩3分						佃	早租13秤，又买程宗浖、程良稷13秤，实26秤				
五都四保	猫儿崖塝头			一					佃	2秤				

附表三

《窦山公家议》中地产状况表

坐落	土名	字号	种类和亩步						租佃情况	租额				备注
			田	坵数	塘	地	块数	山		租谷	租鸡	租膳	租银	
	正堂住后					15步								买程浚地
	住后下坞山地						3							
	中村书院祠堂地					2亩								
	书院前园地													买程铅、程铸分籍
	案山墙外						1							
	杨坑百花园坟前					5分								
	青龙嘴转角						1							
	住前溪边铺基地													计租银

续上表

地产状况表

坐落	土名	字号	种类和亩步						租佃情况	租额				备注
			田	坵数	塘	地	块数	山		租谷	租鸡	租膳	租银	
	庵口前汪可住上廒地						2		佃		1			
	汪可住基并高塝园地						1		佃					计租银
	汪可注前截地													计租银
	在城寓宅													
	汪村园路边柿树下						1		佃					计租银
	羊鹅坑五保坞全坞坦													
	杨树坦里外湾坦						1							
△	前号地										2			

续上表

地 产 状 况 表

坐落	土名	字号	种类和亩步						租佃情况	租额				备注
			田	坵数	塘	地	块数	山		租谷	租鸡	租膳	租银	
	溪头观音堂					7分								
	观音堂边地					3分								
△	前二号地												0.62两	前项租银中东房该0.412两
	仁山公墓前白虎山嘴						1				1			
	仁山公朝山脚凤凰坦外边						2						0.24两	租银中东房该0.12两
	青真岭外庄地						2		佃					
	项源佛塔坞坦						1		佃					
	章溪江村						1		佃		1			

续上表

地产状况表

坐落	土名	字号	种类和亩步						租佃情况	租额				备注
			田	坵數	塘	地	块數	山		租谷	租鸡	租膳	租银	
	薛家段 方家坦								佃					计租银
	正堂东 边庇荫				1									计租银
	溪　边	1658号 1659号					1							买刘地、原塘、填成地
	章溪江村 胡多住基						1							
	横　壁						1							

附表四

《窦山公家议》中山场状况表

坐落	土名	字号	种类和亩步						租佃情况	租额				备注
			田	坵数	塘	地	块数	山		租谷	租鸡	租膳	租银	
一保	吴坑	号字337号						37亩（该一半）实18.5亩						
二保	绿袍峰	巨字293号						2亩						
二保	方村塘坑老水坞	巨字766号						5亩						
三保	兰香坞	阙字117号						2亩2角						
三保	江坑岭里行路	阙字223号						3亩						
三保	中[illegible]村住后坞	阙字589号						3角40步						
三保	杨坑程乞住居东边等处	阙字695号						1亩						
三保	百花园青龙山													

续上表

山场状况表

坐落	土名	字号	种类和亩步						租佃情况	租额				备注
			田	坵数	塘	地	块数	山		租谷	租鸡	租膳	租银	
三保	白虎山													
三保	享堂前对面竹山													
三保	百花园来龙山等													
三保	吴大坞头													
三保	何家冲冷水坞													
三保	中村傍云山													
四保	茶园坞	珠字95号						1亩2角15步						
四保	峡山外高培	珠字98号						8亩						

续上表

山场状况表

坐落	土名	字号	种类和亩步						租佃情况	租额				备注
			田	坵数	塘	地	块数	山		租谷	租鸡	租膳	租银	
四保	羊鹅坑山													
四保	羊鹅坑	珠字125号						15亩						
四保	羊鹅坑大培	珠字135号						7亩5分						
四保	下东山叶福庆住后	珠字158号						1亩						
四保	朱家源石岭坞	珠字395号						1亩						
四保	朱家源石岭坞	珠字398号						1亩3角40步						
四保	塘坑	珠字645号						2亩3角						
四保	塘坑直坞头	珠字661号						14亩1角						

续上表

山场状况表

坐落	土名	字号	种类和亩步						租佃情况	租额				备注
			田	坵数	塘	地	块数	山		租谷	租鸡	租牲	租银	
四保	黄坑神林下坞	珠字703号						1亩1角						
四保	降背坞	珠字448号						1亩2角20步						
五保	溪头长岭下	称字111号						6亩1角						
五保	枫林坞	称字148号						12亩40步						

续上表

山场状况表

坐落	土名	字号	种类和亩步						租佃情况	租额				备注
			田	坵数	塘	地	块数	山		租谷	租鸡	租膳	租银	
五保	胡三坞窄树塌	称字号												
五保	张家岭	称字277号						7亩2角						
五保	张家岭	称字279号						6亩3角						
五保	大山	称字285号						7亩2角						
五保	元租住后	称字289号						2亩						
五保	塘坞	称字297号						1角40步						
五保	乾田坞	称字348号						20亩2角						
五保	蒸皮坞	称字352号						7亩3角						

续上表

山场状况表

坐落	土名	字号	种类和亩步						租佃情况	租额				备注
			田	坵数	塘	地	块数	山		租谷	租鸡	租幐	租银	
五保	蒸皮坞	称字353号						7亩2角30步						
五保	茄子坑	称字362号						1亩						
五保	茄子坑	称字401号						9亩3角						
五保	茄子坑	称字402号						3亩3角						
五保	茄子坑	称字407号						5亩2角						
五保	茄子坑	称字410号						6亩						
五保	茄子坑	称字413号						2亩						
五保	茄子坑	称字415号						9亩1角						

续上表

山场状况表

坐落	土名	字号	种类和亩步						租佃情况	租额				备注
			田	坵数	塘	地	块数	山		租谷	租鸡	租膳	租银	
五保	茄子坑	称字418号						2亩1角						
五保	汪家山	称字425号						9亩2角						
五保	方家山	称字429号						21亩1角						
五保	方家山	称字430号						11亩						
五保	元祖住前	称字432号						3亩2角						
五保	南岸坞合坞山	称字号												
五保	血茶坑合坞山	称字号												
五保	亩段	称字555号						2亩						
五保	亩塘坞	称字556号						7亩						

续上表

山场状况表

坐落	土名	字号	种类和亩步						租佃情况	租额				备注
			田	坵数	塘	地	块数	山		租谷	租鸡	租腊	租银	
五保	亩塘坞	称字558号						7亩2角						
五保	白茆山	称字358号						71亩						
五保	亩塘坞	称字563号						3亩1角20步						
五保	汪三坞	称字569号						4亩1角						
五保	承天坞含坞山	称字号												
五保	承天坞口	称字615号						2亩40步						
五保	高家坞	称字669号						3亩						
五保	水塘坞	称字674号						2角						
五保	张公坞	称字684号						6亩						
五保	北乂口	称字771号						1角						

续上表

山场状况表

坐落	土名	字号	种类和亩步						租佃情况	租额				备注
			田	坵数	塘	地	块数	山		租谷	租鸡	租膳	租银	
五保	北乂口	称字783号						4亩						
五保	北乂口	称字784号						4亩						
五保	杨舟湾	称字786号						3亩						
五保	杨舟湾	称字792号						9亩3角						
五保	横　山	称字796号						1亩						
五保	毛栗树	称字797号						1亩						
五保	毛栗树	称字805号						5亩2角30步						
五保	黄爪岭	称字821号						1角						

续上表

山场状况表

坐落	土名	字号	种类和亩步						租佃情况	租额				备注
			田	坵数	塘	地	块数	山		租谷	租鸡	租膳	租银	
五保	黄爪岭	称字822号						1角						
五保	丁子坞外段	称字857号						2亩1角						
五保	丁子坞山	称字号												
五保	丁子坞口	称字868号						2亩						
五保	丁子坞口	称字869号						1亩1角						
五保	丁子坞口	称字871号						1亩3角						
五保	横山殿前	称字873号						2亩1角						
五保	横山殿前	称字874号						1亩2角						

续上表

山场状况表

坐落	土名	字号	种类和亩步						租佃情况	租额				备注
			田	坵数	塘	地	块数	山		租谷	租鸡	租膳	租银	
五保	佛子岭	称字877号						11亩2角						
五保	栗树坞	称字1071号						7亩2角						
五保	石壁段住基	称字1171号						1亩40步						
五保	林家坞	称字1172号						1亩2角40步						
五保	林家坞	称字1182号						3角40步						
五保	甜珠坞	称字1188号						4亩						
五保	甜珠坞	称字1189号						1亩						
五保	洪尾坞里	称字1134号						4亩						

续上表

山场状况表

坐落	土名	字号	种类和亩步						租佃情况	租额				备注
			田	坵数	塘	地	块数	山		租谷	租鸡	租膳	租银	
五保	杉木湾上湾	称字1135号						12亩						
五保	杉木湾上湾	称字1136号						6亩						
五保	青真坞合坞山	称字号												
五保	程七婆源	称字1472号						2亩2角						
五保	椒木坞	称字1473号						7亩2角						
五保	椒木坞	称字1474号						30亩						
五保	江家冢背	称字1493号						1亩						
五保	江家冢背	称字1491号						2角40步						
五保	宋广坑	称字1537号						40亩						
五保	宋广坑	称字1537号						40亩						

续上表

山场状况表

坐落	土名	字号	种类和亩步						租佃情况	租额				备注
			田	坵数	塘	地	块数	山		租谷	租鸡	租牲	租银	
五保	板石源	称字1541号						8亩						
五保	山草培	称字1546号						12亩1角						
五保	龙舌嘴	称字1553号						19亩						
六保	殿前	夜字1号						15亩						以下窦山公分得山场
六保	方家坦	夜字9号						5亩						
六保	上坞口	夜字12号						5亩						
六保	殿下	夜字199号						8亩2角						
六保	葛流坑塘坞里	夜字370号						9亩						

续上表

山场状况表

坐落	土名	字号	种类和亩步						租佃情况	租额				备注
			田	坵数	塘	地	块数	山		租谷	租鸡	租膳	租银	
六保	葛流坑口塋上	夜字515号						2角						
七保	胡溪岭下	光字94号						1亩40步						
七保	江村庄基	光字121号				55步		3角						
七保	江村庄基	光字121号				55步		3角						
七保	江村庄基	光字121号				55步		3角						
七保	麻榨坞	光字125号				4分		2亩3角						
七保	麻榨坞	光字126号						1亩						
七保	胡溪岭下	光字184号						1角40步						

续上表

山场状况表

坐落	土名	字号	种类和亩步						租佃情况	租额				备注
			田	坵数	塘	地	块数	山		租谷	租鸡	租膳	租银	
七保	胡里源	光字226号						2角30步						
七保	金盘坑	光字256号						17亩						
七保	竹林坞	光字267号						20亩						
七保	蕨萁坞	光字286号						1亩40步						
七保	白石堀	光字291号						3亩						[illegible]
七保	洪水坞	光字302号						9亩2角						
七保	胡里源	光字309号						12亩2角						
七保	磜坳里	光字311号						7亩2角						

续上表

山场状况表

坐落	土名	字号	种类和亩步						租佃情况	租额				备注
			田	坵数	塘	地	块数	山		租谷	租鸡	租牲	租银	
七保	蒋树前山	光宇327号						1角						
七保	蒋树前山	光宇328号						2亩						
七保	叶聋坑	光宇339号						5亩						
七保	茗坑口	光宇342号						5亩2角						
七保	茗坑口〃	光宇344号						2角						
七保	蒋村枧坑	光宇368号						7亩2角						
七保	羊栈石	光宇498号						2亩						
七保	郑大坞	光宇179号						1亩3角						

续上表

山场状况表

坐落	土名	字号	种类和亩步						租佃情况	租额				备注
			田	坵数	塘	地	块数	山		租谷	租鸡	租膳	租银	
七保	郑大坞	光字179号						3亩2角						
七保	郑东坞	光字181号						1亩						
七保	黄狗岭里	光字1190号						21亩						
七保	杨坑	光字1277号						110亩(该一半实55亩)						该一半
七保	梅树坞	光字443号						1亩1角17步						
七保	石曹坞	光字467号						1亩2角						
七保	旧舍坞	光字2402号						27亩						
七保	鱼鼍坞	光字2408号						15亩2角						

续上表

山场状况表

坐落	土名	字号	种类和亩步						租佃情况	租额				备注
			田	坵数	塘	地	块数	山		租谷	租鸡	租膳	租银	
七保	石磜坑	光字2451号						90亩						
七保	王廿公坞	光字2484号						7亩2角						
七保	牛角湾	光字2485号						7亩2角						
七保	黄土尖	光字2486号						2亩3角						
七保	黄土尖	光字2487号						9亩20步						
七保	黄土尖	光字2489号						25亩2角						
七保	黄土尖	光字2490号						18亩						
七保	黄土尖	光字2491号						10亩						

续上表

山场状况表

坐落	土名	字号	种类和亩步						租佃情况	租额				备注
			田	坵数	塘	地	块数	山		租谷	租鸡	租膳	租银	
七保	黄土尖	光字2492号						2亩						
七保	枫树坞	光字2500号						30亩						
七保	黄岐坞	光字2727号						5亩3角（四分中得三分）						实有3亩3角45步
七保	杉木岭	光字2728号						5亩						
七保	坳背	光字2743号						5亩1角						
七保	天仓塝上	光字2744号						2亩1角						
七保	佛塔坞	光字2745号						17亩						
七保	石䃮坞上培山	光字2729号												买馆，六分中该一分

续上表

山场状况表

坐落	土名	字号	种类和亩步						租佃情况	租额				备注
			田	坵数	塘	地	块数	山		租谷	租鸡	租膳	租银	
七保	小磜坑山													
七保	程东坑	光字2762号						30亩						
七保	程东坑	光字2763号						5亩						
七保	茅栗科	光字2767号						20亩						
七保	黄沙坞外截宋嘉山	光字2776号						6亩						
七保	章溪江村坟后茶园塔上													
七保	张家坞内众存里截金字面山													

续上表

山场状况表

坐落	土名	字号	种类和亩步						租佃情况	租额				备注
			田	坵数	塘	地	块数	山		租谷	租鸡	租䐶	租银	
七保	榧树坞内众存大圣堂里截小湾山													
七保	胡溪岭下	光字97号						2角						
七保	江　村	光字146号						1亩						
七保	胡溪岭下漆树坞	光字190号						1亩1角						
七保	水碓坑													
七保	黄狗岭方梅坑上舍坞													
七保	林十四坞	光字2446号						6亩2角30步						
七保	庄背坞	光字2478号						20亩2角20步						

续上表

山场状况表

坐落	土名	字号	种类和亩步						租佃情况	租额				备注
			田	坵数	塘	地	块数	山		租谷	租鸡	租膳	租银	
八保	南源鲍家坦	果字753号						50亩						
一都一保	胡良田西山坞南培山													
一都一保	正湾山						2							
一都一保	担水坑													
一都一保	陈家住后山													
五都四保	下南湾山													
五都四保	榧坑口屋基背山													
一都四保	榧坑口屋基背山													

续上表　　　　山场状况表

坐落	土名	字号	种类和亩步						租佃情况	租额				备注
			田	坵数	塘	地	块数	山		租谷	租鸡	租膳	租银	
五都四保	对面山													
五都四保	小乞坞山													
五都四保	里外湾高地									△前六号山地，吕天时本身该得分截，万历十二年分豆（窦）山公买得。				
三保	桃树坞山													买程文山
三保	杨坑莱坞头山													

总计山场1149亩2角47步

附表五

祁门善和里程氏仁山门军业田土状况表

坐落	土名	字号	种类和亩步						租佃情况	租额				备注
			田	坵数	塘	地	块数	山		租谷	租鸡	租膳	租银	
	溪头亩塘坑口上边	称字117号	1亩2分6厘	2										
	汪三坞口桥头	称字122号	1亩4分7厘1毫	3										
	李家住畔	称字129号	6分	1										
	李家住下	称字130号	2亩6分1厘2毫	1										
	住下	称字131号	2亩3分8厘7毫	2										
	住下	称字132号	4分3厘1毫	3										
	冢林下	称字140号	7分3厘1毫	1										
△	前七号田								佃	90秤(每秤18斤)计162斤	2	肴银5分,腐菜各二品酒四瓶		

续上表

军业田土状况表

坐落	土名	字号	种类和亩步						租佃情况	租额				备注
			田	坵数	塘	地	块数	山		租谷	租鸡	租膳	租银	
	黄塘坞口 石桥头	珠字 74号	1亩5分 2厘7毫	1					佃	20秤（减6秤） 实14秤				
	胡家段 银锭坵	珠字 181号	1亩6分 6厘8毫	1										
	同　处	珠字 183号	5分4厘 2毫	1										
	△前二号田								佃	40秤		称租日猪牛肉各一品，菜，饭酒2瓶		
	黄坑口 西间桥头	珠字 430号	1亩6分	1					佃	15秤	1			
	黄坑中 大　湾	珠字 453号	9分3厘8毫	1					佃	原租14秤，今减4秤，实10秤				
	小岭上 官秤坵	珠字 532号	1亩4厘8毫	1					佃	原租20秤，今减5秤，实15秤				

续上表

军业田土状况表

坐落	土名	字号	种类和亩步						租佃情况	租额				备注
			田	坵数	塘	地	块数	山		租谷	租鸡	租膳	租银	
	小岭上石桥下	称字593号	1亩8分7厘9毫	1					佃	原租33秤（减2秤）实31秤		监租日猪牛肉，腐菜各一品饭，酒2瓶		
	杨坑下坳冲景韶公坟上		1亩	1					佃	10秤				
	杨坑口太尉庙前		6分	1					佃	7.5秤				
	杨坑海公坟前四亩坵并江坞		1亩1分	8					佃	13秤5斤，又买，共该租20秤12斤10两				
	江项坑佛子岭下杰里并大号			25	1									
	江下坑𥻘下田		2亩2分	4										
△	前二号								佃	23秤，又买1秤6斤，又买28秤，实52秤6斤	1			
	江下坑直坞		1亩1分						佃	17秤（减3秤），实14秤				

续上表

军业田土状况表

坐落	土名	字号	种类家亩步						租佃情况	租额				备注
			田	坵数	塘	地	块数	山		租谷	租鸡	租膳	租银	
	江下坑力七坞		3 分	1					佃	6 秤				
	下村铁炉前等四处		3 分						佃	3 秤14斤				
	张家段窑窟里		1亩5分	2					佃	25秤		称租日猪牛肉各一品，菜，酒 2 瓶		
	张家段上湖坵		1亩5分	1					佃	17秤				
	张家段下湖坵		4分9厘8毫	1					佃	5.5秤		称租日猪牛肉各一品，菜饭，酒一瓶		租膳连前号田在内
	中村孝庙下边		7 分	2					佃	8 秤				
	胡家段曲尺沙坵		2 分	1					佃	4 秤				

续上表

军业田土状况表

坐落	土名	字号	种类和亩步：田	坵数	塘	地	块数	山	租佃情况	租额：租谷	租鸡	租膳	租银	备注
	梓木坑		4分	1						6				
	梓木坑头		2亩2分	12					佃	16秤				
	梓木坑头路上横坞			1					佃	7秤				
	黄坑坞柿树湾口直锭里		5分	1					佃	5秤				
△	前三号田											称租日纳殽银5分，酒2瓶		
	黄坑坞榨下		3分	2					佃	4秤				
	七亩段唰头坵		4分	1					佃	12秤				
	庵口前方伯坊下		1亩3分7厘	5					佃	26秤5斤		监租日猪牛肉各一品，菜饭，酒2瓶		

续上表

军业田土状况表

坐落	土名	字号	种类和亩步						租佃情况	租额				备注
			田	坵数	塘	地	块数	山		租谷	租鸡	租膳	租银	
	王家门前		8厘	1						1秤又买4斤4两，实1秤4斤4两				
	皂角树下大坵		1分8厘2毫	1						1秤12斤12两				
	小岭上石桥头上并上大坵		3亩2分1厘	2					佃	45秤4斤	1	称租日猪牛肉各一品，菜饭，酒2瓶		
	茅栗树坞口横山殿下		4分	1					佃	4秤				
	峡山里		4分5厘	6					佃	6秤				
	杨舟山降背坞口		4分						佃	5秤				
	北乂坞方芝住前及查湾山		1亩						佃	9秤		称租日酒银2分		
	溪头高家坞口		1分	2					佃	2秤				

续上表

军业田土状况表

坐落	土名	字号	种类和亩步						租佃情况	租额				备注
			田	坵数	塘	地	块数	山		租谷	租鸡	租膳	租银	
	高家坞			6	1				佃					新开成田
	溪头流沙坑			2					佃	2秤（监收）				原山地成田
	章溪江家堀宅		8分	3					佃	早租9秤11斤10两，又买3秤3斤14两，共12秤15斤8两				
	江家堀望母坵并坟下		4分	2					佃	6秤				
	江村祖坟前堀里								佃	1秤				周胜富盗墓坟前朝山，赔还此田
	江家堀井坵		5分	1					佃	6.5秤又买6.5秤共13秤				
	江家堀杨柳坵		9分	7					佃	18秤				
	江村大茔园		9分	10					佃	16秤，又买1秤，共17秤	1			鸡2斤重，无鸡征银8分

续上表

军业田土状况表

坐落	土名	字号	种类和亩步						租佃情况	租额				备注
			田	坵数	塘	地	块数	山		租谷	租鸡	租膳	租银	
	蒋村黄牛坦		7分3厘	2					佃	15秤6斤4两，又买6秤5斤，实21秤11斤4两				
	住后来龙山脚祖坟地						1							
	章溪齐岭下								佃	8.5秤、又买，总共26秤11斤4两				
	黄岐岭下													
	下村			1					佃	30斤				
	江下坑								佃	5秤				
	瓦碎坵								佃	4.5秤				
	广济桥里边			1					佃	6秤				
	汪村园塘上			1					佃	4秤				

续上表

军业田土状况表

坐落	土名	字号	种类和亩步						租佃情况	租额				备注
			田	坵数	塘	地	块数	山		租谷	租鸡	租膳	租银	
	汪村柿树下			1					佃	3秤				
	汪村园卯下边	辰字1565号				4分89步								
	北义口天地人三号								佃	20秤				买程良稷田
	仁山公坟前								佃	早租15秤	1			原坦成田
	新开林家住基			1					佃	10秤				住基成田
	溪头塘坞口地								佃				5分	
	溪头直坵								佃	20斤				买礼、义分截
	项源小磜坑								佃	5秤				买柏寿田

续上表

军业田土状况表

坐落	土名	字号	种类和亩步						租佃情况	租额				备注
			田	坵数	塘	地	块数	山		租谷	租鸡	租膳	租银	
	项源里坞冲								佃	16.5秤				买周祥田
	杨坑周二坦行路下			1					佃	6秤				买程良木田
	张家坦沙坵			1					佃	4.5秤				买程良木田
	下村征坵								佃	10斤10两				买礼、义田
	下村祖住基地												8分	
	江下坑芦家竹坞口			1					佃	5秤				买程宗涪田
	江下坑屏坞口			1					佃	5秤				买程良彬田
	江村庄前			1					佃	0.5秤				买程良植田

续上表

军业田土状况表

坐落	土名	字号	种类和亩步						租佃情况	租额				备注
			田	坵数	塘	地	块数	山		租谷	租鸡	租(?)	租银	
	汪婆坞口								佃	2.5秤				买林三春田
	汪婆坞枧头								佃	2秤				
	梨场坵								佃	3秤5斤，买其中的2秤10斤				
	章溪东滨山水口碣下等处									20秤				周应禄盗葬大竺山坟，投里，赔还此田

总计44.5□2亩，租额690秤6斤4两，租鸡6只。

附　录

善和程氏仁山门支谱（程衡撰修）

布政公誊契簿

案 例

[illegible]

[illegible]

善和程氏仁山门支谱

善和程氏仁山门支谱序

予以钦假归省，展拜显祖忠壮公庙，诸宗适有建祠之举，四十四派子姓咸在焉。祭毕序坐，尊卑秩如长少不紊，油然有报本追远之思。予不禁忻然喜，信祖德之积厚而流光也。当时虽序其事，而各派分迁日远，族属生齿日繁，即迈迹亢宗之贤肩背相望，然而萃涣不数，祭扫有期，岁止一会。会仅数日即别去，诸如上世本支之当详，后代行辈之当序，为时无几，叹未遑也。少选，予读礼苫次，因思敬宗收族，尤莫先于修谱。爰披旧牒，考世系，稽爵里，凡先世之支分派衍者，灿然具备。盖叹苏明允之尊尊亲亲咸系于谱之不谬，而吕伯恭之考姓别氏寻流溯源之如睹，可为后世法也。今年初夏，会祁善和宗人续辑支谱，以书征予言。其词曰："三世不修谱，先贤所诫，寒门自明。臬宪和溪公修谱之后，越今百四十余载，虽中有续载，又历数世矣。奈时地不偶，弗获集诸宗之大成，恐迟之又久，文献愈益无征，乃序次本支，幸已成帙。敢藉先生一言弁其首，以传信异日。"予惟祁门善和固珍公之子沄公派也，珍公子八人，惟沄公派为盛，而善和尤著。今展读来谱，乃知始迁则祖善和仲繁公，所以明小宗之义也。溯源则及新安太守元谭公，所以明大宗之义也。至若书法不苟，纪载详明，虽曰支谱，而已足生人爱敬之心，启人昭穆之序。即由是而会通统宗之义，又宁有过焉？礼云：祭海者必先河。此类是也。矧善和素属望族，若长史，若宪副，若方伯与大行，若大参与廉宪，德业彪炳，在昔已然，而人文振兴，于今为烈。知必有应运而起如臬宪和溪诸先生者出焉，修明允之家法，效伯恭之讲求，于以表彰世德，振励宗风，将统四十四派而辑为一书日可冀也。而宗祊之制，阀阅之修，所以表宅里、树风声者自当相继而起云。然则兹谱之修，虽曰善和仁山一门也，而所关者大，所风者远，予固乐得而序之，以为将来券。

康熙二十一年岁次壬戌夏五月吉，赐进士出身文林郎福建道监察御史、前刑部郎中、钦授弘文院庶吉士、海阳宗人文彝拜撰。

善和程氏仁山门续谱旧序

予观海内名门巨族，未有不笃宗盟而敦族谊。夫敦族谊，莫急于正谱牒。盖谱系不正，则名分混淆，名称苟而尊卑紊，不免冠裳而禽犊矣，安所称名族乎？新安谈著姓，雅推毂程氏。盖自晋时元谭公以惠政浃洽人心，为万民所尸祝。历传至尚书仲繁公，代有闻人，为郡邑望族，府志家谱，炳炳烺烺，可考镜也。第前美既彰，而后盛莫继，责将谁归乎？善和有谱，盖自嘉靖二十年间和溪公谢宦家居，参互考订，将我程氏得姓之始、历代相承之次，自唐、宋、元、国朝诸谱，参同辩异，纤悉具备，毋庸置喙。嗣是而后世近百年，朝更六代，值运遭阳九，甲第乏人，无有缙绅兴议续谱者。夫君子之泽，五世而斩，不及今釐正缵修，则老成凋谢，文献无征，将来派系必致湮灭失传矣。堂堂大族，致使名分乖张，称谓错乱，不几贻笑大方乎？予年古稀，既弃举子业，考之记云，七十老而传，老而不传，将焉用老。遂不惴谫陋，有志于斯。倡议三年，竟而寡和，人情难与，虑始大都然也。迩来族中文学贤达辈，慨然有笃宗睦族之意，非祖先有灵，天牖其衷乎？但旧谱卷帙所存无几，又且纸敝墨渝，设再因循，不免筑舍道傍之诮矣。于是分派各房文学，将嘉靖二十年后旧谱未载支派次第，订正缵集成帙，毋虚美，毋遗漏，俾后有主盟宗谊者，可一览而无遗，讵非今日之急务耶？谱续成自仁山公，一门各派，必有闻风而起者，近则本村各门并中村、林村、方村，远则环沙、栢溪、杨林、宋村，诸宗派各缵各修，合异为同，一如和溪公旧谱之制，不负为今时之实录，亦足征一家文献有在，是所望于各派之贤达者幸留意焉。

崇祯三年庚午岁清明前二日，尚书二十三世孙登瀛谨述。敬之、良猷、云鹏、大壮、良儒、良仪、进、甡、喆、遇、维垣、大有同校。

善和程氏支谱凡例

一善和程氏宗谱，自明嘉靖辛丑年昌公重修，亦既集宋复公谱、元仁寿公谱、明初弥寿公谱、永乐间道同公谱、景泰间槐塘孟公谱，参互考订，详哉其言之矣。越今百四十余载，其中世际鼎革，流离迁移，正复不少。虽崇祯庚午间有登瀛、敬之诸公之续谱，记载嘉靖以后名字。然相沿迄今，又历数世，倘不及时纂辑，文献其何足征？爰循昌公小宗谱例，谱自始迁善和祖仲繁公为一世，上溯始迁新安祖元谭公，以志所自来，下及本门七房，阅三十世，编次成谱。俾世系无讹，名分不紊，后有作者取诸此焉。

一昌公善和程氏谱，凡仲繁公派下分居杨林、环沙、栢溪、宋村等处，罔不备载。今止具载本门，非录近而遗远也，盖时地不偶，未便统会，且以此为倡，俟达诸宗佥议，次第举行，然后合各派总括成书。

一谱图一世自仲繁公起，每行五世，以第五世再起。内有迁居者，则于其名下注迁某处，仍于五世另起之前标立某分，便于查览。必俟一派书毕，再及一派，仿旧谱之法也。凡世次迁居，俱用朱书。

一无后者书止字，未详者书失传，十五岁以下夭殇无关系者不书。自今始生者则书之，不得预立虚名，盖谱以示信且核实也。其有恩养异姓，或随母过门，及纳妾暧昧不明者，皆摈黜不载。

一犯十恶及弃卖祖墓、盗鬻族谱者，众议黜之示戒。

一本宗过继昭穆相应者，于继父之下注继某子，仍于生父之下注继某，失序者改正。

一旧谱有先名为某，而后复改者，遵后所改之名，而原名仍注其下，以便查考。有庠名与行名不同者，亦将派行之名注于其下，便知世次。

一各名下书字，书号，书娶，书出仕履历，书居乡事功，书节烈，书生卒葬所，皆据各家开报查实直书，非当事者臆为详略也。

一诰敕、行实及祠墓并程氏源流、谱序，凡为子孙者皆当熟读、世守。缘昌公谱载有“宠光录”、“足征录”，与谱俱传，兹不再赘。

一族中生齿日繁，若命名各出己见，则昭穆不无混乱。先代载字、用字、时字及金、水、木、火、土字，具有派行。今循前谱，议自二十七世起，取允、师、延、康、茂、端、拱、际、泰、嘉十字，令各家遵此立名，则叔侄祖孙行列灿然，而尊卑秩如矣。

一本门同居共间，谱目不必分别卷数，只以东、西二房为序次。东房五支，遵旧谱，达公继庭春公为始，次及盛公、显公、懋公、让公各房之秩下。西房二支，以熙公、兴公秩下为序次。凡数目顺序挨编，不立重叶，每叶二十二行，每行二十五字，书出一手，并无参差增损等弊。

一是谱告成，编定贤、哲、联、芳、族、科、名、奕、世、家十字，钤以图章，注名受领，不致混淆冒滥，庶传之后裔，永为家珍。 凡例全

廉宪和溪公族谱，修于明嘉靖辛丑，嗣崇祯庚午登瀛诸公继而续之，迄今子姓繁衍，多有未及登前谱者。予辈较正编次，一遵和溪公谱式集为成书。因公无蓄赀，支费各人照字出办。鸠工授梓自三月中首事，至蒲月终告成。其谱照依字号受领，各宜珍藏，毋得冒滥亵视。

康熙壬戌年五月之吉，较正裔孙庠生衡、襄、式、思光、元勋、烈、坦、纯、肃同识。董事裔孙元熙。旌邑贺质甫书并镌。

新安程氏世系谱图（纂列嫡派）①

元谭（东晋新安太守，新安程氏始祖）。元谭生超，超生冯，冯生丰，丰生景秀，景秀生元政，元政生宝云，宝云生法晓，法晓生隐隽，隐隽生道乐，道乐生次茂，次茂生詧，詧生宝惠，宝惠生灵洗（封宁野王，谥忠壮），灵洗生文季（封忠护侯，谥威悼），文季生子𪆟，子𪆟生诩，诩生公颢，公颢生绚，绚生南金，南金生元谏，元谏生季随，季随生绎，绎生昔范，昔范生行褒，行褒生纂，纂生珍，珍生八子：洎、沚、浑、泽、沄（生子仲繁，始迁善和）、湘、淘、汾。

---

①文中双行注文均以括号括起，以示区别。下同。

善和程氏始迁谱图

一世	二世	三世	四世	五世
仲繁（唐检校户部尚书，生子令温、令滔、令洭、令洙、令汾。墓在浮梁锦里。娶胡氏，葬本里下东山，旗形）	令洭（授中奉大夫。葬杨坑江家岭下）	承津（和州佥判。葬祔中奉上家偏。夫人葬黄坑神林坞口乱石堆垒） 承海（中林栢溪祖） 承潜（止）	贵思 贵谋 贵昂（宋机宜。葬汪村园塘尾。娶许氏）	颖
五世	**六世**	**七世**	**八世**	**九世**
颖（生才十八日而父贵昂早卒。时编户籍，里胥作绝户报县。尉至，将籍其产。母许氏抱颖以白尉，尉怜之，存其户。幼能自立起家，嗣后子孙繁衍。娶洪氏。同葬后山郭背坞）	文方（迁石壁坦）文巩（迁太平茅山）文宿（官宣义。娶汪氏。合葬本里下村，莲花形） 文留（迁太平杨林）	仲璋 仲罕 仲铣（以子孝行闻，敕赐报慈庵奉祀。葬汪村园[illegible][illegible]培。娶佘氏，葬报慈庵）	伯源（敬宗门祖） 伯椿 伯彦（率兄弟庐墓孝行著闻，旌赐祠额。葬杨坑中八亩坦，长虹影水形。娶张氏，葬学堂山程岩住后） 伯祥	汝弼（圭山门祖） 汝霖 汝邵（居洙家源） 汝训（学山门祖）

续上表

九世	十世	十一世	十二世	十三世
汝霖（葬八都考坑蔴榨坞，坤向。配余氏，葬二都雍家岭背楚溪头庄婆坑，午向）	浚（迁寓岩）			
	滋（葬许五坞）	有庆		
		有亨（葬许五坞）	光岳（娶方氏。合葬日山侧乳穴）	国宝（同圣佑公合葬江家冢背）
				圣佑
			光德	
	淳（迁西乡文溪王村）			
	润（传二世止）			

十三世	十四世	十五世	十六世	十七世
国宝（公继圣佑公子如栢。后圣佑公子孙亡徙，仅遗如栢一支，理应归宗承祀，国宝公之祀世世有隆无替，庶几孝义两全也）	如栢（圣佑次子，继。葬项源磜上宋家山，凤形，丁向。娶于氏，葬黄坑桂家坞口，坤向）	士荣（合葬父墓，自撰有铭志。娶陈氏。葬降背坞口，午向）	弥寿（字德坚，号仁山。明初授枢密院都事，镇守浮梁景德镇。著有《仁山遗稿》。葬溪头坞观音堂，虎形，午向。娶汪氏，葬桂家坞口）	佐 仪 仕（止）
圣佑（公念兄乏嗣，以次子过继。今公子孙亡遗，如栢公	如珪 如栢（出继国宝）	省	惠老（迁黟，四世失传）	

续上表

十三世	十四世	十五世	十六世	十七世
秩下应归承亲祖，而国宝公应当一体祟祀）	新 庆	真寿 兴	华（止） 昌老（迁彭，四世失传）	

仁山门东房派一

十七世	十八世	十九世	二十世	二十一世
佐（字汝楫，好善乐施，乡称长者。墓在中村宅里坞口。娶蒋氏）	庭春	载达（新春子，过继。字孔遂，邑尝宾之乡饮。生永乐己丑，卒成化辛丑，葬松岭）	宪	晭
			腾	昙
				曾
				鲁
			循	晰
	新春（字景华，号窦山，入祠田，修祠宇。景泰间会修宗谱。孝友姻睦，群称善士。享年七十有四，葬杨坑百花园，卯向。行实详见丘浚公墓志。娶汪氏，葬下东山，乾向。继刘氏，葬章溪江村，申向）	载盛（字孔勋。葬下东山）	容	昇
				晏
			密	易
		载显（字孔著，正统辛酉举人，授任丘教谕，升沈韩王府左长史。崇祀任丘名宦、本邑乡贤。配齐氏，封宜人，俱葬下东山，象鼻形）	泰（字用元，号竹岩，景泰甲戌进士，任河南左布政使。配汪氏，封宜人。继胡氏、项氏，封夫人。葬宅坞）	昇
				昂
				旦
				杲
				昌
			贯（字用本，修复祖墓，勒立石碑。号松岩）	昊
				旻
			通（字用诚，号梅岩）	昆
			复（字用初，号栢岩，邃于春秋，学	普
				昱
				昴

续上表

十七世	十八世	十九世	二十世	二十一世
			者多宗之。著有《明善斋稿》及《统宗世谱辨》）	
		载懋（字孔彰，号淳庵。配濂溪汪氏，合葬里之下东山新春汪孺人墓左，乾向）	宿（字用辉。早卒，配陈氏，苦志抚孤，郡侯扁旌霜节）	旺
			云	昁 旸
		载让（字孔肃。葬下东山，与兄盛同穴）	文（字用中，成化丁酉举人，新泰县学教谕）	时 暾 煦 暵（止）
			度	晃 星 炅（止） 晔
仪	还春	载熙	枢保	景 禹 晟
		载兴	恕保	激 启 考
			玄佑	敏 敷

仁山门东房派二

毅达秩下

二十一世	二十二世	二十三世	二十四世	二十五世
晭（字时华，号易庵，义官。葬章溪丁家塘）	鉎	宗渭（止）		
	钴（字子卿）	宗湖	兴圣	祖元
		宗溟	继圣	
			志圣（出继光祖）	
			佐圣（字惟贤）	文焕（字元韬）
		宗本	则圣（止）	
昙	销	鸣枝（止）		
		涤	大受	文名
曾（字时道，葬五都方坑口平坦，丁向）	钱（号双峰，生嘉靖壬午。继曹氏，旌节。合葬五都天大坦，庚向）	宗洋（字望之，号毅民，旌有孝扁，武略选授京营守备）	天老（止）	
			天学（字时卿）	道勋
				春
			天宅（出继显祖）	
	铯（止）			
鲁	错（字廷武，旌寿官）	鸣皋（止）		
		光华（止）		
		宗证	良桓（止）	
		敬之（字宪文，邑庠生）	孟骥	文孙（止）
				粹孙（止）
				毓孙
			叔聪	奇孙（止）
			季骏（止）	
	镈①	淇（止）		
		濆（止）		
		鸣祖	天心（止）	

①镈及下面的晰、晏、昪、易、昇分均缺，据“光绪谱”补。

续上表

二十一世	二十二世	二十三世	二十四世	二十五世
			天佑	文成
晰①	铿	光祖	志圣	
		显祖	天宅	秋九（迁南京上河子）

二十五世	二十六世	二十七世	二十八世	二十九世
文焕	汝型（止）			
	汝垠	允锚	兆洤	延相（止）
			兆洽	延槐（止）
				延桓
道勋	汝墀（止）			
	汝埣	允保（止）		
春	汝埏（止）			
毓孙	可玉			
文成	汝璐	允儆	大旺	长福
			大晓	长福（出继大旺）
				长寿
				长青
		允任	大兴（止）	长泰
			大贵（止）	
		允传（出继汝垌）		
		允信（出继汝琼）		
		允仆（止）		
	汝生	允伦（出继汝生）		
		允伦		

① "光绪谱"作晃。

续上表

二十一世	二十二世	二十三世	二十四世	二十五世
	汝环	允仪	大昭	
			大晙	
			大旸	天送（止）
				添财（止）
				天九（止）
	汝琼	允信（止）		
秋九	汝垧（止）			
	汝埣（出继曾分道勋）			
	汝坰	允传（继鲁分汝璐）	大发	天喜
			大富	天容
				天积（止）
				天桂（止）
			大有	天申
				天来
				天九
			大顺（止）	

载达派卷全

载盛秩下

二十一世	二十二世	二十三世	二十四世	二十五世
晏	钲	浚（止）		
	铅	沆（止）		
昇	锪	原霈（止）		
	锉	原霑（止）		
		原濡	良䌽	文宾

续上表

二十一世	二十二世	二十三世	二十四世	二十五世
易	鋂	原凉	三乞	文丙（未传）
				文道（未传）
			良香（止）	
			良梯	文登（未传）
				文美（未传）
		原渲	良柳	文冠（未传）
				文约（未传）
			良樟（止）	
			良志（止）	
	链	宗浚	良穆（登瀛子继）	文鲤（未传）
		登瀛（号环州，邑庠生，屡科未售，恩授儒官，纂修崇祯庚午本门宗谱）	良枏	文蔚
			良穆（出继宗浚）	
			良巍	文芝
				文兰
		德浑		
		龙津	良遴	文芳
			良辰（止）	
昇	铉	注	良桦	文荣
				文功
			棐（止）	
			榴（止）	
			樱（止）	
	铤	洌	良材	文炤（未传）
				文炉（未传）
				文熺
			良栋	文裕
	镇	澡（止）		

续上表

二十一世	二十二世	二十三世	二十四世	二十五世
		溙（止）		
		汎（止）		
		漳（止）		

二十五世	二十六世	二十七世	二十八世	二十九世
文宾	国珙	允通	光明	上凤（早卒）
	国琦	允迎（止）		延亨（早卒）
文蔚	国泰	时行	光前	
			光胜	天顺（止）
		时德	光朋（止）	绍宗（早卒）
			光龙（止）	
		时衢（出继慭派昁分汝彦）		
	国俊	时健(止)①		
		时戗（止）		
		时侨		
文芝	社汉			
	闰汉			
文兰	一汉			
	四汉			
文芳				
文荣	汝星（字斗如）	志元	师湘	正九
			师海	
		志亨		
文功	汝先	允忠		
		允贤		
文熺	奎(字惟重)	允政（止）		
		允致	明高	

续上表

二十五世	二十六世	二十七世	二十八世	二十九世
		允启	明端（字尹公）	延松
		允敩	明尚	
	璋（字玉甫）	德圣		
		德望		
		德懿		
		德龙		
文裕	立（止）			
	秀（止）			

载盛派卷全

载显秩下

二十一世	二十二世	二十三世	二十四世	二十五世
昂（字时望，号静乐。娶谢氏，继娶傅氏。授训科。尝鸠工伐石建和溪桥，以利病涉。又白有司，复汝霖公墓，以敦本源。葬薛家坦庄上，巽向）	镈（字廷宣，号双涧，任河南原武县丞。娶汪氏、谢氏、汪氏、林氏。葬羊鹅坑，骑龙形，丙向）	原济	良杞	文勋
			良楫（邑庠生。止）	
		原澜（字宗本，号栢川。娶李氏。葬方家坦，钟形）	良桥	文奇
				文新（字春元）
			良彬（止）	
			良械（止）	
			良桔	文熊（止）
	铨（幼有敏才。早卒，葬本里胡家园。父昂有墓铭记）			
	鍪（字子新，号碧山。娶方氏，继娶章氏。合葬	原浙（字东之，号近泉。娶马氏）	良楷（号会源，塾生）	文鸣（字永盛，号振凡）
			良棨（葬羊鹅坑）	文质（止。合葬父墓）

续上表

二十一世	二十二世	二十三世	二十四世	二十五世
	白茅山，乙向）		良李（字惟实，号善源，娶汪氏）	文爆(字蕴伯，号行衷，冠带乡宾。娶余氏。生万历壬午，卒顺治丁酉）
				进（邑庠生，字从先）
				文煋（字炳叔）
		原渠（邑廪生，号两峰。娶汪氏。合葬溪头坞燕窝里）	良榆	文鸾
				文鹏
				文鸢（字廷察）
			良禾	文鹰（止）
	锐①（止。附葬父墓）			
旦（字时明，号秋江，任淮府典膳）	锺（邑庠生，遇例授千户）	原清（号山泉，奉化县丞）	良相（止。邑庠生）	
			良彝（号蒙泉，邑庠生）	文谟
		原湜	良极（邑庠生）	文燧
				文熺
				文安（止）
			良柱	文炜（止）
				文烽
				文煇（止）
				文焯
	録	原浡	道正（省祭。止）	

①“光绪谱”作锐。

续上表

二十一世	二十二世	二十三世	二十四世	二十五世
			道立（字明甫，邑请冠带乡宾）	文聰 文韶 文驵
	佡	原滔	良贵	文燮（止） 同老（止） 同时（止）
			良爵	文炀（止）
			天寿（止）	
杲（字时昭，号兰峰，登弘治癸丑进士，历任江西左参政。有《兰峰稿》行世。娶汪氏，封宜人。合葬中村，眠犬形。状元吕柟撰有墓志）	锐（字子抑，号五山，正德庚午乡试第十三名。合葬父墓）	原汉（出继镔）		
		原河（号玄谷）	良拱	文伯 文仲（止） 文叔（止）
			良民（出继原汉）	
	镔（字子励，号杞山，太学生，征仕郎）	原汉（锐子继）	良民（河子继）	文时 文福（止。娶林氏，守节，邑侯旌扁） 文履（止）
畾（字时言，号和溪，又号桂峰，正德戊辰进士，授蕲水知县，选山西道监察御史，刷卷浙江，巡按福建、广东，历升湖广按察	廷钟（字子鸣，号西源。由贡授乐安县丞，署县事。配汪氏，继配周氏。葬五都猫儿坔，庚向）	原洛（邑庠生，字宗道，号少源。配汪氏，同葬二都梅树坞，丙向）	良稷（字素履。止）	
			良述	文宗 文卿（字惟翰，继良士） 文璧（卿子继） 文显（字大谟）
			良谋（字灏	道中（字性如，

续上表

二十一世	二十二世	二十三世	二十四世	二十五世
司副使、四川按察使。服官数十余年，考绩俱在优最。致仕二十余载，片楮不干守令，闭户修书。著有《大学注释》、《发蒙近语》行世.又刻《程氏宗谱》、《窦山家议》传后.督学黄公题祀乡贤。生成化乙未三月二十三日戌时，卒嘉靖辛亥五月十一日午时。娶城西汪氏，封孺人，生成化乙未正月初六日亥时，卒嘉靖癸卯十月二十二日戌时。合葬中			嘉，号玉吾，万历辛卯入府泮。生隆庆庚午年。配谢氏、史氏）	号率吾。配汪氏） 建中（字于民，号梅溪） 达中（字章符）
			良士	文卿（述子继）
		原洊（邑庠生，字达道，号振南。生嘉靖辛亥四月二十八日，卒万历辛卯。配陈氏。合葬林家坞口，巽向）	良彦	文定
			良椈（号培初.配陈氏。合葬东坑象鼻石，午向）	文体 文理 文庄（字端卿） 文博
			良忠	文毓 文粹
			良能	国祯 国裕 国祥 国祚
			良武（号敬南.配王氏）	国安（字静先，配汪氏） 国宸（字元极.配胡氏）
			良元	文盛
			良言（字行甫.号肩明.配歙邑王氏）	文云（字龙御） 文友（字仁辅） 文伸（字引叔） 文器（字国华）

续上表

二十一世	二十二世	二十三世	二十四世	二十五世
村，眠犬形，庚向）			良季	文通
	廷镛（字子韶，号普里，任南安府经历，廉明宽恕，士民歌颂，勒有去思碑石。正德甲戌十二月初五日亥时生。娶蒋氏。合葬杨坑中八亩坦，丙向）	原淳（邑庠生，字继道，号鲁斋。生嘉靖壬寅四月三十戌时。配陈氏。合葬下村江项坑，骑龙形，丁向）	良臣（字惟敬，号养初）	文朱（字元素） 文孔（字心圣）
			良友（字仲诚，号孚先，别号浮仙山人。生隆庆丁卯岁三月十三日辰时，殁天启丁卯岁十一月二十三日戌时）	文皓 文明（字见五） 文晓（字元辰） 文昭（字元懋。存心宽厚，制行端方。行年六十，足迹不入公门。邑侯以乡宾敦请，恳辞弗赴。配汪氏） 文韬（字元用，乡宾）
			良礼（止）	
			良信（字行可，号笏存。经营多干济才，居乡有宽弘量，敦本崇祀，正直服人）	文宪（字元台） 褎（行文先，字资仲，一字赞元，邑庠生）
		原诠（号复斋，邑庠生，恩例儒官）	良心（字秉阳）	文衡 文政
			良悦（止）	
			良凤	士雄（止） 士光（止）
			良麟	士进
			良骥	士讲（字君用）

续上表

二十一世	二十二世	二十三世	二十四世	二十五世
				士渎
	廷锈（字子声，号明山，邑廪生，习春秋，文宗首取入泮。科举七次，才高未售，一时学士多宗之。娶城西汪氏）	大藩（字价卿，号景明，邑庠生，院试屡取科举。娶城东徐氏，继娶饶氏）	良荣	万旗（止）
			良眷	文远（止）
			良相（字调元，乡宾）	开新
				开先（止）
				书（行开圣，字玉麟，邑庠生）
			良才（止）	
			良第（字养元）	文林（字钦成）
				文华（止）
			良英（字育元）	文庚（字霭命）
昊（字时亨，号文峰，弘治丁未进士，奉差纂修实录。生正统壬戌，卒弘治己酉。葬本里黄坑口神林坞，卯向）	金（邑庠生。旻子继）	渼	棣	文英（止）
			槑	圃用
			梀	圃宾（止）
		沨	森	文育（止）
				文烨（止）
				文熠（止）
				文替（止）
			良桂（止）	
旻（字时清，邑廪生）	钦	浙	良枝	文台（止）
	金（出继昊）		苏	应时（止）
	釜	淮		应春（止）
				末春（止）
昆（字时贤，府冠带。生天顺甲申五	镠（字廷贡，号东涧，习春秋，首取	云湞（止）		
		云淙	良策（止）	
		云涞（字原	大辂（止）	

续上表

二十一世	二十二世	二十三世	二十四世	二十五世
月十二日亥时，卒嘉靖乙未十一月二十六日。葬杨坑潘八坞口）	入泮，叠考案首二十一次，科举十次。贡任剡县训导。生成化丙午十一月二十一日辰时，卒嘉靖丙午八月十八日酉时）	泉，号颖滨。生嘉靖丁酉六月二十二日戌时，卒万历戊申正月初二日戌时。娶陈氏，继娶方氏）	大壮（字伯贞，号五桂，邑庠生。生万历己卯三月二十四日。娶马氏）	文徿 文徤 文御（字光先） 文征（字光启） 文循（字云登）
			大勋（字德仲。生万历癸卯十一月十一日戌时，卒崇祯壬午五月十五日辰时）	文信（止） 文俊 文佑 文倖
普（字时公，号翠庭。葬下村江项坑。娶郑氏，葬下东山。继娶谢氏、汪氏，合葬杨坑施村）	铃（字子扬，号碧泉，邑旌寿官。配陈氏，合葬章溪江家窟）	宗湘（号城山）	良科（号少城）	文龙（字士云）
			良秉	美祥 世祥 玉祥（止）
			良检	文嵘（失传）
		宗潜（葬应姑弯。止）		
		宗濂（即原汾，号达泉，邑庠生。负奇才，九科未售。所著有《醉梦吟》、《梦觉吟》行世。生嘉靖己亥	良叙（字厚卿。生嘉靖戊午八月十七日。娶大坦汪氏，葬九都天丰坑方岩坞口，丙向）	瓒（字欲完，邑庠生。止） 琪（字欲琢，号养泉。事母至孝，捐资崇祀，仗义疏财。客广陵，徽西盐务多赖之。著有行实自序

续上表

二十一世	二十二世	二十三世	二十四世	二十五世
		闰七月。娶朴墅汪氏）		遗后。生万历壬辰十一月二十三日。娶大坦汪氏）
			良秩（字元宿，号太枢。生嘉靖己未十二月二十九日。葬八都芝溪苎坞。娶石墅陈氏）	吉祥
				瑛（字仲修，号五瑞，顶带乡宾。生万历丁亥十二月二十八日。娶黟邑李氏）
	铁（葬汪村园。子涪同穴）	宗涪（止）		
		宗沆（止）		
昱（字时煜，号石潭。葬下村宿三公墓左，丙向。长子钢早卒，葬下东山）	锭（字子成，号继潭。葬杨鹅坑）	宗范	良佐	文瑞
				文琪
			良弼	文玘
				八九
		宗望（止）		
		宗衍	良侃（止）	
		宗游	良宪（止）	
			良任（止）	
			良规（字象乾）	文建（字建武）
				文巡
		宗川（止）		
	铋（字子毅，号前川）	宗汤	良晳	连祥（止）
				达祥（字德孚。娶方氏）
		宗颜	良善	文宝（止）

续上表

二十一世	二十二世	二十三世	二十四世	二十五世
		宗潘	良尚（止）	
		宗潞	良四（止）	
	锌（字子用，号敬潭，寿官）	宗孟（号清泉，以医名世）	良辅（名医）	文启 文品（止） 文吉
			良俨	文容 文宕
		宗舜（号心虞，德行兼优，累经邑奖）	良儒（字慎为，邑庠增广生，屡科未第。所著有《藻园遗稿》行世。诰赠登仕郎。孺人方氏。）	甡（字幼林，一字寅麃，号紫阊，崇祯壬午举人，初任如皋教谕，升授和州学正。抚荐品可为师，才堪作牧。 喆（字允倩，号筠峰，康熙壬子岁贡士，癸丑廷试第六名）
		宗尧（号春泉，冠带乡宾，好义乐施，自输己田建仓备赈）	利往（字以廉，号如春，塾生）	万春（字尊生） 嘉谟
			良史（字以信）	万育（字兆生） 万鸾（字和鸣） 万京（字兆畿）
			良位（止）	
		宗尹（号仁斋，太医院吏目）	良仪（邑庠生）	文癸（仕子继） 文癸（出继仪）
			良仕	

续上表

二十一世	二十二世	二十三世	二十四世	二十五世
				文腰
	镭(字子器，号思潭)	宗禹(号洽泉，寿官)	良儁(字明吁	文臣(止) 轩(字二如)
		宗周(号五峰)	良兆(字兆行)	文廉(字士介) 文序(字公鹭)
			良翰(字君宪)	文庆(字公善，号槐庭)
		宗鲁(止)		
		宗宪	良骐	文龙 文达
		宗武	良鸿(止)	
	鏴(字子善，号桂峰)	宗伯(字清夫，号培桂，以孝友著闻，邑旌善行。葬杨坑下坳冲)	行(字之远，邑庠生)	文中
			良典(字五敦)	文经(字百里) 文纬(字彦韬) 文绶(字钦若)
			衡(字公阿，号穆斋，邑庠增广生)	庭祺(字介眉)
		宗仲(号自桂)	良懋(字懋德，邑旌善士)	文敏(字彦达) 文敂(止) 文略(字克武) 文繁(止)
			良表	文斌(字贲然) 文象(邑庠生，字以贤) 文迪(止)
昂(字时应，号石崖。生成化庚子十	铢(字子积，号柘源，府请冠带乡	原泱(字宗孚，号东野，寿官)	良桢(号梅轩，太学生)	秋元(太学生葬柘木坑口。止)

续上表

二十一世	二十二世	二十三世	二十四世	二十五世
二月初一日。娶石壁陈氏，合葬石磔坞）	宾。生弘治辛酉四月二十八日。娶城北方氏、谢氏，合葬青真坞）	原洽（字宗通，号安泉，鸿胪寺序班，侍经筵，钦赐琼林。生嘉靖癸巳九月。娶方氏，合葬杨坑竹坞口）	万鹏（号都宇，好学励行，府县首取未售。生嘉靖丁巳正月。葬珠湖山。配方氏，同穴）	道章（字羽圣，号含初，太学生。生万历戊寅十二月。葬八都芝溪苎坞。配饶氏） 道充（字若虚，号情逸，邑庠生，笃学潜修，赈贫恤乏。生万历壬午。配余氏，合葬五都黄光，丑未向）
			大鹏（号振宇。葬珠湖山） 云鹏（字凌甫，太学生。止）	

昂分

二十五世	二十六世	二十七世	二十八世	二十九世
文勋	汝陛	允鑑（止）		
文奇	汝佳（止）			
文新	汝珊（止）			
	汝瑚（字君玉）	允锡（字百朋）	大滋 大烝 大东	
文鸣	汝玺（止）			

续上表

二十五世	二十六世	二十七世	二十八世	二十九世
	汝瑛（字欲彰.娶方氏。生万历戊戌，卒康熙己酉）	士凤（字舜仪） 士彪（字腾若） 士豹（字文若）	大津 大涵 大涧	
	汝琏（字商卿，娶陈氏。生万历辛丑，卒康熙丁未）	万锦	大洽（止） 大浃 大洛	
		万录（字得名）	大海 大沛 大沄	
		万镳（字季御）	大济 大河 大汲	
		万铎（字叔禾）		
文爆	汝瑚（止） 汝珏	万镇（字石如）	治（字寓臣） 溶	
	基（字君肇，号旸山。娶谢氏、杨氏。生万历癸丑，卒康熙癸卯）	允全（迁袁州） 钾（字卓元。娶汪氏） 键（出继墅） 鋋		
	墅（字君郊）	键（基子继）		
进	墨（字君翰） 堃（出继文煋）	允钵（堃子继）		
文煋	堃（进子继。	允钰（字又	大澄	

续上表

二十五世	二十六世	二十七世	二十八世	二十九世
	字君闲）	辉）		
		允钵（出继		
文鸾	汝瑄（字官	墨）	大泓	
	玉）	允鍨	大洸	
文鹏	汝璁	允鍹		
文鸢（字廷	汝琼（字公	允锋（字剑		
寀）	瑶）	如）		

旦分

文谟	景新	允先（止）		
		允远（止）		
		允光		
文燧	汝达（止。			
	娶方氏，苦			
	节奉姑，邑			
	侯旌扁）			
文蛼	汝尧（迁瓜			
	州）			
	汝孝（迁瓜			
	州。止）			
文烽	士（止）			
	寿元（止）			
	瑞（止）			
文蟑	仲秋（止）			
文骢	汝珽	允铣		
		祖保		
		圣保		
		五保		
		六保		
文骝	汝琁			
	汝玥（字沧			

续上表

二十五世	二十六世	二十七世	二十八世	二十九世
	生.出继驵）			
	汝璮			
	汝琮			
	汝𬍛			
	汝玕			
文驵	汝瑀（骝子继）			

杲分

文伯	汝珍（迁湖广）			
文时	汝高（止）			
	汝登（止）			
	汝第（止）			
	汝光（止）			

昌分

文宗	自近（止）			
文璧	自迪（卿子继）			
文显	自达			
	自游			
道中	墨(字廷昇)	兆崧		
建中	塑(字时辉)			
	塑			
达中	茂英			
文卿	自远	允铭		
	自迪（出继璧）			
文定	准（止）			

续上表

二十五世	二十六世	二十七世	二十八世	二十九世
文体	埱（止）			
文庄	球（字[illegible]玉）	允镗		
		允鉅		
		允铥		
	珓（字交玉）			
	琡			
	瑗			
文博（字约	坪（字守易）			
如，乡约约	坦（字履斋，	允镛		
正，配林氏，	邑庠生）			
继配杜氏）	堰（字跻可）			
文锍	恩均			
	恩堦	允铠		
文粹	墉（止）			
国祯	汝珙			
国裕	汝城	允铗		
		允镉		
国祚	俊	福胜		
		福扬		
	杰			
	佩（字鸣珂）	允镳		
国安	塝（字永宾）	允镤		
国宸	增（字子寿）			
	墫（字尚古）			
	墅（字揽东）			
文盛	汝品			
	汝揆			
文云	汝塘（友子			
	继）			
文友	汝埙			
	汝墉（继文			

续上表

二十五世	二十六世	二十七世	二十八世	二十九世
	云）			
	汝墳			
文伸	执圭			
	执玉			
文器	执中			
文朱	思党	喜孙（止）		
文孔	思接（字淑大）			
	思贤			
文皓	思哲（止）			
文瞯	思兼（字兼三，邑庠生）	锡祺（思勇四子继）		
文晓	思前			
文昭（生万历己亥十月二十日寅时，卒顺治戊戌七月初九日未时）	思光（邑庠生，字介繁。生崇祯癸酉年二月十五日子时。配汪氏）	绩（字有成）	兆澍	
文韬（生万历丙午正月初四戌时，卒康熙丁未六月十九日寅时。配叶氏）	思勇（字克柔）	锡九（字天畴）	澳	
		锡龄（字遐公）	滨	
		锡鹏（字振翮）	湛	
		锡祺（字松年，继思兼）		
文宪（生于万历己酉九月十三日，顺治甲辰三	思皇（邑庠生，字济旃，资异才高，赍志早卒。	训（字念庭）		

续上表

二十五世	二十六世	二十七世	二十八世	二十九世
月卒于安丰。配吴氏，继娶汪氏）	生崇祯乙亥，殁顺治己亥。娶汪氏）			
	恩永（字克遐）	允护 允诠		
	恩宏（字御吾）	允谊		
襄	恩腾（字修羽）			
	恩文			
	恩晴			
文衡	有垣（止）			
	有子（止）			
	有桂（字子攀）			
文政	有社（止）			
士进	圻（止）			
士讲	汝茂（字伯华）	官辉		
	汝松（字廷秀）			
	汝芬（字廷芳）			
士读	汝槐（止）			
	汝葵（止）			
开新	在前（字尔瞻）			
书	在兹（字绍文）			
	敍名（字斗			

续上表

二十五世	二十六世	二十七世	二十八世	二十九世
	璺）			
	伊辉（行名载辉，字实孚）			
文林	载旺			
	载顺			
文庚	载寿（字秉初）			
	载法（字宾如）			
奥分				
圄用	汝琛	观保（止）		
昆分		天法（止）		
文胤	璿（字玉初）	允曙		
文健	玑	允晓		
	琦（止）			
文御	璠（字孟琼）			
	琰（字仲玉）			
文征	玠（字公锡）①			
	珍	允祜		
	玮（字韦玉）			
文俊	玙（字瑾友）	允寿		
文佑（字君助。生天启辛酉正月二十一戌时，卒康熙辛酉十月十三日申时）	璘（字瑷若）	允銈		

①从士读至此原缺，据“光绪谱”补。

续上表

二十五世	二十六世	二十七世	二十八世	二十九世
文俸				

普分

文龙	必通（字茂之）	长孙（一名钲，字叔盛）	淞声 淮声	
		闰孙		
	必达	社孙	沭声	
美祥	起（止）			
	超			
	赴	锡凤		
世祥	汝诰（止）			
	汝誌（止）			
琪	元兆（早卒。葬本家塘屋山。娶汪氏，守节，邑侯旌扁）			
	元勋（字敉宗，号东屏，邑庠生。娶大坦汪氏，妾冒氏）	绂（字亮臣。娶王氏）	涛声（绣子继）	
		绣（字鲠臣。娶大坦汪氏）	渭声 涛声（出继绂）	
		纯（字莶臣，一字颍若，邑庠生。娶石溪张氏）	潮声	
		绪（字理臣。娶石壁陈氏）		
		纮（字维臣）		

续上表

二十五世	二十六世	二十七世	二十八世	二十九世
		繇(字简臣) 络(字联臣)		
	元熙(字于穆,号攀峰。娶汪氏)			
吉祥	元斗(止)			
瑛	元登(止)			
	式(字玉如,号春台,邑庠生。娶杨坑谢氏)	经(字勒五,娶汪氏) 芬(字紫荣)		
	元荐(字剡可)	纶 紌 綐		

昱分

文瑞	名魁			
八九	名器 名选			
文珙	名贤			
文玘	名贵			
文建	名登(字士扬)			
文巡				
达祥(生万历癸丑七月廿六,卒顺治丙申十二月十三。葬鲍家坞,庚向)	汝殿(字君试。娶汪氏。生崇祯戊寅十月初九卯时)	允铜(字贡三) 允铁(字为鋊) 允销(字友梅)		

续上表

二十五世	二十六世	二十七世	二十八世	二十九世
文启	九龙	允旺		
文吉	汝培	允富 允贵		
文容	长生			
甡（生万历癸卯八月二十六日，卒康熙壬子四月十八日。配方氏、汪氏、杨氏）	国嚣（字建章） 国藻（字采章） 国乔 国燕			
嚞	坊（字翰斯）	麟征 凤征 驺征 骥征		
	埈（字崧望）			
	彭年（字原祺）	熊征 鹤征		
万春	圻（字天一） 填 壇			
嘉谟	垤			
万育	垹			
万鸾	垲			
万京				
文癸	耀			
文赓				
轩	双龙 馨			
文廉	昌寿（字尔炽）			

续上表

二十五世	二十六世	二十七世	二十八世	二十九世
	辉寿（字德光）			
文序	正衢			
文庆	晋（字锡藩）	大申		
文龙（字鳞长）				
文达				
文中	九皋（止）			
文经				
文纬	道法（绶子继）			
文绶	道济 道法（出继纬） 道泽 道浩			
庭祺				
文敏	埰（字赤生）	拱（字端北） 挺（字非庸） 捷		
文略	周社			
文斌	九鼎（字玉铉）			
文象	兆临 兆萃			

昂分

道章	遇（字泰赓，邑庠生。生万历戊戌十一月十九日	肇芝（字石芳）	长演（字宾延）	

续上表

二十五世	二十六世	二十七世	二十八世	二十九世
	配汪氏）			
	迅（字士捷，号蒲石，以医名世，生万历丙午十月十五日。娶汪氏，继娶蒋氏）	肇蓁（字扶霞） 肇菁（字茂征） 肇华（字朴先）	长洪 长渼 长淮 长泽 长深 长源 长润 长溜 长渠	
道充	士（字彦升，号东原，乐善好施，顶带乡宾。生万历辛亥） 遵（葬柘木坑口。止）	烈（字铭彝，号竹锜，邑廪生，科试案首） 质汉	敞 敩	

载显派卷全

载懋秩下

二十一世	二十二世	二十三世	二十四世	二十五世
旺（字时兴，号守斋，院旌善人。娶城北方氏，合葬下村宿三公墓右，丙向）	锡（字廷臣，邑庠生。葬下村社坛左山）	原泗	良根	喜祥（止） 祖祥（止） 光祥（失传） 胜祥（失传）
			良校	泰祥 耿祥（止）
	钊（字廷辅，号凤山，旌奖义官。娶廖氏，合葬	原滂（字宗溥，号云峰。娶王氏，合葬溪头王家	良松（字惟贞，号碧亭。祔葬旺公圹	道川（行文焕，字思兼，邑庠生。娶陈氏，

续上表

二十一世	二十二世	二十三世	二十四世	二十五世
	溪头承天坞口，庚向）	住后，午向）	右。娶陈氏，葬钊公墓前。继王氏，葬承天坞，午向）	合葬塘坑碧树坞） 文炳（字允孚，号古仙。生嘉靖壬寅，卒嘉靖乙丑。娶城北汪氏，生嘉靖庚子，矢志抚孤，邑侯余讳士奇扁旌冰霜原节。卒万历壬寅） 文灿（娶汪氏，合葬碧树坞）
晔（字时曜。娶汪氏，合葬杨坑竹坞）	钧（字子重。葬晔公墓前）	原法（葬麦坞）	良梓	献祥 兴祥 喜祥（止） 考祥
			良枢一名柱	安祥 复祥
			良机	福田（止） 二髦
			良权	万祥
	纯（字子寿。葬东坑画眉坞，午向）	原洵（袝钧公圹右）	良木（止）	
		原洪（葬谢婆坳月山）	良梯（止）	
昁（字时恒。生成化丁酉，葬中村鲍坞□向，	锁（号景山。生弘治丙辰。娶汪氏，继汪氏）	涧（字近川。娶石壁陈氏）	良标（号春台。生隆庆戊辰。娶城北方氏）	文焯（一名明元，字魁先，乡饮宾。生万历戊申，卒康

续上表

二十一世	二十二世	二十三世	二十四世	二十五世
娶在城谢氏，继城西饶氏）				熙辛酉。葬五都二保牛栏坞，丙向。娶石墅陈氏）
		濮（止）		
	铭	同沵（止）		
		同寿		
	鏋	深	良枕（止）	
		泮	良文（止）	
	炼	潮	社生（止）	
		沦	良柘	文元
			良杜（止）	
旸（字时若，同昁公葬鲍家坞）	钏	涌	良植	文兆
			良樫（止）	
	钶	泓	良本	
	鑁	洲（止）		
		潢	积德（止）	
			相德	文尚
			敬德（止）	
	鍨			

旺分

二十五世	二十六世	二十七世	二十八世	二十九世
泰祥	振（止）			
	良（止）			
道川	培（葬承天坞，子向）	梦斗（止）		
	玉（葬毛栗树坞）	调元（止）		
文炳	升（字达卿，	大有（行允	天柱（行师	绳武（止）

表上表

二十五世	二十六世	二十七世	二十八世	二十九世
	号清源，儒医济世，邑旌善人。生嘉靖己未，卒崇祯乙亥。娶楚溪汪氏）	文，字士备，号芝房，邑庠生。生万历庚辰，卒崇祯丁丑。娶朴里汪氏）	古，字中立。生万历辛丑，卒康熙甲辰。娶石墅陈氏）	接武（行延昌，字孟邻。娶陈氏）
			天河（行师玄，字中道。生万历壬寅，卒顺治己亥。娶溪头李氏）	宪武（行延明，字仲章。娶方氏。继娶□□） 俊武（字友杰。娶林氏，继江氏） 威武（行延昇）
			天纵（行师道，字君则，乡饮宾。生万历庚戌。娶朴里汪氏）	肃（行延政，一名恭武，字雨若，今庠生。娶汪氏，继马氏） 端（一名英武，字詹千。娶林氏） 简（一名洪振，字迪兹。娶胡氏）
			天祚（行师天，字君培。生天启乙丑。娶廖氏，继何氏）	魁武（行延亮，字星文。娶何氏）
文灿	坊	尚达（迁六安） 志达（迁浮里桥）		

续上表

晔分

二十五世	二十六世	二十七世	二十八世	二十九世
兴祥	汝宝（继子）			
考祥（失传）				
安祥（迁六安）	汝璨 汝宝（继兴祥）			
复祥（迁六安）				
二髦	城（止）			
万祥（迁浮梁）				

咘分

文焯（号云轩）	埈（一名墒，字克嶷。生顺治戊子。娶林氏，继娶□□） 彦（一名增，字圣若。生顺治乙未。娶林氏）			
文元（迁浮里桥）				

旸分

文兆	汝玘	允复 允豫		
文尚	光寿			

旺分

续上表

二十九世	三十世	三十一世		
接武	康顺			
	康胜			
宪武				
俊武				
威武				
肃	康侯			
端	康吉			
简	康成			
	康衢			
魁武	康保			

载懋派卷全

载让秩下

二十一世	二十二世	二十三世	二十四世	二十五世
时（字时彦）	錀（字廷廉）	洁（止）		
		溉（字月岗）	良朋（字益孺）	文敬（字希文）
				文通（止）
			良鹤（字南田）	文田
				文塘（止）
			良器	文兴（止）
		泽（止）		
		溧（止）		
暾（字时旭）	锛	漶	良猷（号存赤，邑庠生）	文翰（止）
				文翊
煦（字时畅）	锐	海（止）		
		瀚	天祥（止）	
			京祥（止）	
		淮	秋保（止）	
			光保（止）	

续上表

二十一世	二十二世	二十三世	二十四四	二十五世
晁	镳	沩	良叶（止）	
星	饪（止）			
	钱	光明	良能（止）	
			良佑（止）	
		复明	伴俚（迁建德沙溪）	
皞	锦	汝	良扨（止）	
			八孙（止）	
			良抹	文高
				文第

二十五世	二十六世	二十七世	二十八世	二十九世
文敬	庚（字金明）			
文翊	芝孙			
	二孙			
文第				

载让派卷全

仁山门西房派二

载熙秩下

二十一世	二十二世	二十三世	二十四世	二十五世
景	镜	寄旺（止）		
	针	灏	良梗	重阳
				十阳
		淏（止）		
	镆	仁（止）		
		义（止）		
		礼	谷	文池（止）
				文塘（止）
				文评

续上表

二十一世	二十二世	二十三世	二十四世	二十五世
				文训（止）
			米	文谱
				文䜣（止）
			守（止）	
		信（止）		
	锛	沁（止）		
		汰	良明（止）	
			良功（止）	
			良贤	道惠
		浩（止）		
昺	镑	塗	佛保	降祥
				岩祥
				顺祥（止）
晟	锫（府庠生）	滨（止）		
		汶（止）		
	镐（字子京，奇才，贡元，任知县）	原湛（庠生）	良幹	梦鲤

二十五世	二十六世	二十七世	二十八世	二十九世
重阳	汝台	允铉		
		雅保		
		允锜		
		允铉		
十阳	旺（失传）			
文评	坤（止）			
	盛（止）			
文谱	汝民	朋		
降祥	汝珂			
岩祥	汝琳	允铨（卒）		
		允铃（卒）		

续上表

二十五世	二十六世	二十七世	二十八世	二十九世
梦鲤	汝瑯 汝班	允钤 允镃 允鹏		

载熙派卷全

载兴秩下

二十一世	二十二世	二十三世	二十四世	二十五世
激	许	滴	凤巢 凤集 凤采	
	詠	世卿	凤攀 凤楚 凤郁	
启（庠生）	银（庠生）	治	凤梧（号竹岗）	世荣
			凤林（止）	
	銮	用宾	良爵	文秀 文元 文才 文奇（止）
		秋寿	良贵	文棠（止）
		宗滄	良卿	文鳌（止）
		贵寿（止 ）		
敔（邑庠生）	镆	承祖	大道	天照 天耀（字仲光）
	镃（止）			
敏（府庠生）	谟	沦	应槓（止）	
			良朴（号巽峰，寿官）	文烈（号仰峰）
	谐（庠生）	滦	应栢	文炯

续上表

二十一世	二十二世	二十三世	二十四世	二十五世
				文灶（止）
		沚	应樯（止）	
			应桢	文选（号觉非，光禄寺署丞）
				文达（止）
			应槟	文运（止）
		滔	凤翔	文学
敷（庠生）	铳	鸿	良木（止）	
		涛	良秀	文熹
	鑑（庠生）	梁	良楫	文凤
				文鹤

二十五世	二十六世	二十七世	二十八世	二十九世
世桨	积善	允济	咬脐	
			失讳	
	积德			
文秀	汝德			
文元	大魁			
文才	汝详	允辉	国英	
			国雄	
		允熿		
		允炽		
天照	元璜			
天耀				
文烈	德（止）			
	忠	钋		
文炯	汝			
文选	维城（字汝宗，卫经历。止）			
	维垣（字汝	允京	麒麟（字振	

续上表

二十五世	二十六世	二十七世	二十八世	二十九世
	师，礼部儒士）		甫）	
文学	汝福			
	汝亨			
文熺	魁（止）			
文凤	维宁（止）			

载兴秩下卷全

祁门善和程氏续谱后序

翰髫年即敬读和溪公善和程氏谱，反复讽咏，匪朝伊夕。喟然曰："诗云：彼其之子，邦之司直。"其公之谓乎？因上念圣天子得人之盛，君明臣良，股肱心腹，膺禄位，致治平，厥有由尔。夷考当日休宁陪郭篁墩之父襄毅公，素与族祖长史公河间①共事，交非不善也；且前此族之祠记碑铭，多出篁墩手，情又非不亲也。独篁墩统宗世谱后出，倒置纷更，且力攻祁孟二公之谱为非是，祁孟之裔恬不置喙，唯我族祖栢岩先生辨之于前，公以刚肠铁笔，力诋其非，继于其后，曾不以其交之善、情之亲，艳其父子之名位而稍稍模棱也。当是时，公惧甚，曷惧乎尔？惧今辨之不早，后世之子子孙孙昭穆秩序颠倒紊乱而罔所折衷也，在天之灵恫乎否耶。自公之辨出而讹者正矣，淆者清矣。统宗世谱纵会行于世，必不能乱吾尚书公之裔支派凿凿之书也。然则是书也，岂非吾程氏之金鉴也哉！翰愿世世子孙敬奉此书，讲求不怠，一则不至诬其所自出，一则不至袭其

①原作涧，据《光绪谱》改。

所传讹，庶得信今传后瞭如指掌。和溪公光明正直之气，与夫表章先贤嘉惠来学之心，自在后人心目之间也，不大快欤幸矣！谱成之后，公之后贤奕叶嗣徽，增修厥德，令闻令望，或名播文坛，或评高月旦，善继善述，又有进焉。佥谓三世不修谱，先贤所诫。和溪公之谱，迄今百有余岁矣，续之为亟。于是取后世之似续源分流别，一遵和溪公成宪，修入前谱，遂鸠工授梓，不逾月而告成。予审视之，犹然先人大公无我之志也，岂不伟哉！将见兹谱成，而①远近诸派之谱，亦复则而效之，人人亲其亲，长其长，情款谊浃。虽散处方州，隐显不一，亦可使千百世如一世，千万人如一人矣。不第和溪公在天之灵毫无怨恫，即由和溪公而上尚书公，又上而忠壮公、太守公，实世世嘉赖之矣。宁止为功于仁山一门耶？是为跋。

康熙壬戌岁蒲月之吉，尚书二十六世孙前选贡生柏溪元翰顿首拜言。

①从“讹”字以下至此原缺，据“光绪谱”补。

布政公誊契簿

布政公业列后

今将原众存田、地、山、塘、享祠、铺基、仆基、园、坦开后：

杨坑吴坑，早租六秤。

杨坑庄前，大租十五秤。

杨坑潘八坞口，大租八秤。

中村横路下，早租八秤。

赛坞里，大租三十秤。

土舟岭下，大租三十四秤。

胡家段末，大租十二秤。

中村宅里坞享祠并两旁仆基及前塘碑亭空地埂墘外路至神道坊一备。

中村宅里坞合坞坟山一备（东至下培直透出倒湾回转山嘴为界，西至山培直出至程千士墓山为界，南至自地，北至降及岭，计山六亩有零）。

中村鲍家坞坟山一备（东至程本坚祖坟山，西至张壮祖管业山，南至高坞头，北地）

中村鲍家坞塘地一备（新丈辰字五百号、五百一号、五百二号、五百五号、五百六号）。

中村窦山书院案山菜园地一块（原四年交租鸡一只，计重一斤十二两，向管窦山公头首收，今议众收）。

中村高坞头山坦生坟一备（系宏御史① 墓前迁有生基在

上，原佃经理阙字五百四十号、四十一号，东至珠溪寺山，西林山，南程田，北程山）。

羊鹅坑佃山一号（原佃山系经理珠字八十号，东山，西、南降，北田）。

溪头黄土岭里宋家山一号（今王末乞佃种）。

周村碣铺屋八间并余屋菜园地（新丈一千八百零六号，每铺乙间，递年征租文银三钱□分）。

韩村叶积旺兄弟仆基新造正屋二重并两旁余屋及方家屋厥头园地一块，背后坞枫树底共四块。

韩村枫树底山一号。

韩村高舟山山一号（巨字九百六十四号，东降，西自地，南山嘴，北降及方山，计山五亩）。

韩村汪村岸山一号（真契汉收，今积旺兄弟佃种）。

各　契

01② 六都吴祖兴，今有坟山一号，坐落本都三保，土名鲍家坞。其山东至程本坚祖坟山，西至张壮祖管业山，南至高坞头，北至地。今自情愿将四至内山，除坟穴外，其余山坞立契出卖与同都程泰名下迁造风水，面议时价白〔艮〕（银）一两〔正〕（整）。

正统十四年十一月初二日立契人吴祖兴

代书张汝清

见人程　铎

02六都程本坚同弟本兴、本隆，今有祖产空闲荒山一备，坐

①宏御史指程宏。

②历史研究所原件中编号。下同。

落本都二保，土名高舟山，计山五亩，系巨字九百六十四号。其山东至降，西至自地，南至山嘴，北至降及方山。今将前项四至内山尽数立契出卖与五都方永亨名下为业，面议时价煎银七两整。

景泰元年二月初八日出契人程本坚、本兴、本隆

前山照价转卖与六都程泰名下为业。方永亨批。

03六都程本坚，今将山一片，本家住后宅里坞全坞，东至下培，直绕出倒弯，回转山嘴为界，西至山培，直出至程千士墓山为界，南至自地，北至降及岭，计山六亩有〔今〕（零），字号自有经理可照。今将前项四至内山三分中本坚该得一分，计山二亩有零，立契出卖与同都程新春名下为业，面议时价白银一两七钱半、谷一百七十五斤〔正〕（整）。

景泰二年四月初四日出卖人程本坚

见人陈　瑛

〔豆〕（窦）山公誊契簿上有此抄白①。

04六都程本兴，今将山一片，坐落土名住后及宅后宅里坞，其山东至下培，直绕出倒弯，回转山嘴为界，西至山培，直出至程千士墓山为界，南至自地，北至降及岭，计山六亩，字号自有本保经理可照。前项四至内山，三分中本兴、本隆该得二分，自情愿尽数立契出卖与同都程泰名下为业，面议时价白银三两五钱、谷三百五十斤〔正〕（整）。

景泰三年六月初七日立契人程本兴

同卖人程本隆

中见人陈　瑛

①原件中注文。

05前二契山，系本兴、本坚、本隆兄弟三人共业，新春公买坚一股，泰公买兴、隆二股。其新春公一股续五大分搭百花园标分管业，仁分业百花园青龙山，义分业百花园朝山山，礼分业百花园白虎山，智分业百花园外白虎山，信分无山，将新春公买本坚宅里坞山听分扒业，续后信分要得本家铜罗形山葬祖，愿将标得宅里坞山对换故宅里坞山，乃我泰公全业也。嘉〔清〕（靖）戊戌，本家修坟，彼复到青龙山培开穴，侵害本家，状告罗二尹案下判明全业，秩下子孙记之。

万历十四年为青龙山风折松木，程五十等强争，中人钉界，合同为证。

06六都程新文等，今有祖户程云祖荒地一备，坐落本都三保，土名下村高坞头，字号自有本保经理可照。新文、新右等合得地一半，计五分。自情愿将合得五分，尽数立契出卖与本都程泰名下为业，面议时价白银二钱〔正〕（整）。

成化六年十月初六日立契人程新文、程新右、程新仁、程仕忠、程仕同

07六都张汝清，同侄张昺、张皓共地一备，坐落本都三保，土名鲍家坞口，外至路，东至桂家地，西边至山，约地二亩零。与侄张杲、张文昇相共，汝清、昺、皓三分内合得一分，约计九分零，尽数立契出卖与同都程泰名下，面议时价文银一两六钱〔正〕（整）。

成化七年九月廿九日立契人张汝清

同卖侄张昺、张皓

见人程铎

08六都程本兴、本隆、本坚，共有地塘一备，坐落本都三保，

土名宅里坞及坞口，新立四至：东至本家卖与程新春等山，西至住地，南至山及弯，北至山及田。今因兄弟共业不便，托中分为天、地、人三单，本隆分得天字单，本兴分得地字单，本坚分得人字单。自分后，兄弟照阄管业，不许异言。今恐无凭，立此分单一样三纸，各收一纸为照。

图式①

合同

成化七年十二月廿四日立分单人程本兴、本隆、本坚

见人程铎

09佃山下帖

告状人程昂，年二十八岁，系六都一图军籍。状告本家用工开垦积荒民山二号，坐落本都，土名鲍家坞等处，意欲起科，未敢擅便，为此今将亩步、字号、四至并该起科税粮具状来告祁门县详状施行。

计开：山二号，共四分，麦四合二勺，米四合三勺。

一号山一分，坐落本都三保，土名鲍家坞，系经理阙字五百五十六号，东降，西田，南、北程山。

一号山一分，土名同处，系经理五百五十七号，东降，西田，南、北程山。

一号山二分，坐落本都四保，土名羊鹅坑，系经理珠字八十号，东山，西、南降，北田。

成化七年四月十一日告。

直隶徽州府祁门县为开垦事，据六都军籍程昂状告前事，据告得此，参照前事，既〔以〕（已）开耕山土，拟合就行。为此一立案；

①原件中只有“图式”二字，而无图式。

一帖下告人程昂。前去文书到日，仰将告开山土如法开耕，永为己业，候征税粮，依期送纳毋违。

计开：俱如前。

开垦事印。

成化七年四月□日知县（缺）、县丞汤、主簿邵、典史曹、司吏（缺）、典吏吴宣、张道。

10六都程永安等，今有祖户程云祖荒地一备，坐落本都三保，土名下村高坞头，字号四至照依经理，本家合得地一半。今情愿将合得地五分，尽数立契出卖与同都程泰名下，面议时价白银二钱〔正〕（整）。

成化九年四月初九日立契人程永安、程永春、
程永迪（书）①、
程克容、程克亮、
程克华、程克宽。

11复告佃山下帖

直隶徽州府祁门县为开垦事，据六都一图军籍程昂，原于成化七年四月间，将本户原开积荒民山地共八分，蒙给下帖，准令开垦，依蒙将开科税粮于成化八年黄册内收税在户，所有原给下帖失去无存，若不状告，恐后无凭执照等因，具告到县。案查先据程昂状告，已行给帖，今告前因参照，税粮既已收册，合准给帖付照。为此该县合帖文书到日，即将所告山地如法开耕，永为己业，仍将该科税粮照依黄册数目，依期送纳毋违。须至帖者。

计开：原告积荒民山地共八分，俱坐落本都，夏麦一升七

①书指书契人。

合，秋粮一升二合八勺。

一号，土名高坞头，系经理阙字五百四十号，内开山一分，地一分；

一号，土名同处，系阙字五百四十一号，内开地一分，山一分；

一号，土名鲍家坞，系阙字五百五十六号，内开山一分；

一号，土名同处，系阙字五百五十七号，内开山一分；

一号四保，土名羊鹅坑，系经理珠字八十号，内开山〔一〕（二）分。

右帖下告人程昂。准此。

开垦事印。

成化九年九月初九日帖押。当该司吏黄通书写，典吏饶立。字无洗补。

12六都程本隆同侄程明等，今为无钱用度，自情愿将祖产荒塘一所并四围山脚地一备，坐落本都三保，土名宅里坞，计塘并地约五分零。东至山，西至地，南至山及弯，北至山及田。字号自有本保经理可照。今将前项四至内塘、地，尽数立契出卖与同都程泰名下为业，面议时价文银六钱〔正〕（整）。

成化九年十月初二日立契人程本隆

同卖人程明、程三乞

代书侄程鸠

13六都程旭，今将父存日原买到本都程祖安地一片，坐落本都四保，土名胡家园，内取地一块，约计地四分零。新立四至：东自山，西塝下再达① 地及程固住基地，南坟山，北自地。

①再达，即程载达。

字号自有本保可照。今自情愿将前项四至内地四分零，尽数立契出卖与同都程泰名下为业，面议时价白〔艮〕（银）一两六钱〔正〕（整）。

成化十年十一月廿二日立卖契人程旭

见人程用周

14其前地已对换周村碣申明亭讫，本县给有下帖，誊录于后：

直隶徽州府祁门县为民情事，据六都一图排年里老程芳等申奉本县帖文，依奉前去，〔舍〕（会）同各役，从实体勘，将本都旌善、申明二亭地基，坐落大溪边，委的积年被洪水冲塌，随修随坏，已经枉费工程甚多，见成荒芜，深坑可□，委实难以起造。及勘得与本亭相近土名胡家园的有程昂业地，约有四分零，高敞稳便，〔轿〕（桥）梁去处，堪以起造。已与昂议，允将本亭原旧地基议还程管业，于程昂业地内做造二亭，实为两便，即无枉曲情由。保结由缴到县，案照先为前事已行帖仰勘报去后，今申前因，随拘程昂到官审问。既已相因，合从民便，拟合就行。为此本县给帖文书，到日，仰速照帖文内事理，仰程昂原旧申明亭基地，依文永远管业，仍将土名胡家园业地四分听从做造旌善、申明二亭，毋得违错。须至帖者。

右帖下程昂。准此。

成化十年十一月二十二日帖。

15六都张泉，今有自己价买张辉等地一备，坐落本都三保，土名鲍家坞口，约计地二亩零，里至地，外至路，两边至山，与张文昂相共。昶六分合得一分，尽数立契出卖与同都程泰名下为业，面议时价白银一两〔正〕（整）。

成化十年十二月十五日立契人张昶

见人汪源

16六都郑社童等，今有父存日原买荒熟田、塘二号，坐落本都三保，土名鲍家坞，计田、塘共三亩。今又将同处里田畔东边山一号，又将原买在城李道同处田畔两边山一片，其田、塘、山字号并照本保经理。今将前项田、塘、山十六至内，自情愿尽数立契出卖与同都程〔太〕（泰）名下为业，面议时价白银三两八钱〔正〕（整）。

成化十三年七月十一日立契人郑社童、郑道童、郑员童

见人郑贵

17十四都李仁、李勇、李通，有四弟李达，不幸病故，无子，今弟媳方氏与伯李仁等商议，将故夫存日置买五、六都田产，凭族人李文彬等写立文书标分各业：仁分得汪村岸上段田一亩，麻榨背下段田五分六厘三〔毛〕（毫）；勇分得土名麻榨背上段田一亩三分，榧坑口上坵田二亩四分，同处下坵六分；通分得汪村岸下段田一亩，麻榨背下段田五分六〔毛〕（厘）三〔毛〕（毫）；方氏分得土名流河坵三亩一分八厘五〔毛〕（毫），榧坑坞田二亩四分；婿黄盛批受得榧坑口田一亩二分六厘九〔毛〕（毫），同处下坵田一亩七分。众存花桥头上田一亩一分九厘六〔毛〕（毫），鱼塘边田七分五厘，韩村厂头田二亩二分，共计二十亩一分二厘六〔毛〕（毫）。所有六号田，字号四至并照该保经理。又基地五分并屋五间及菜园地五分，竹山一块。今将前项六处田共计二十亩一分二厘六〔毛〕（毫）并基地、房屋、竹山，自情愿尽数立契出卖与六都程昂、旦、杲、昌四人名下为业，面议时价白银四百七十两整。契内基地即叶积旺兄弟住屋，竹山一块即枫树底山，菜园即枫树底坦住后坞地是也。

成化十八年三月十六日立契人李仁、李勇、李通、

弟媳方氏，同卖婿黄盛

见　人方文振
代书人谢　鸾

18五都方伦，今有自己见住基地一备，坐落本都四保，土名韩村，约计地一亩有零。今将门前空地并西边菜地内取二分，丈量四十四步，新立四至：东至本家竹路，西至路及水坑，南至程昂庄屋及方文贵菜园地，北至本家高基地。自情愿将前项四至二分内地量，立契出卖与六都程泰名下为业，面议时价白银五两五钱整。

弘治五年正月二十日立契人方伦（号）
见人林宗浩（号）

原众存田合田，俱已新丈挂号，契不录载，所有续置田产录后。

今将续置买田、地、山、塘、祠宇、仆基开后：

一契买程云河宅里坞早谷□秤。

一契买程云河方坑园大谷五秤，此田与宗淳对换小项坑梭草坞讫。

一契买程鹤祥社坛前大谷二十秤。

二契买程清、淀、渠、浡、贵、寿兄弟周村碣店后塘一备。

一契买程镛汪三坞大麦坦五十二秤，与河，准祠价讫。

一契买程良柱胡家段末大谷六秤。

一契买程云河杨坑下坳大谷六秤。

二契买程宗渠、程良极赛坞口深坵大谷十一秤，渠卖汪村岸心六秤在此契内。

一契买程宗淳、叶初保住后大谷五秤。

五契买程宗诠、宗泮、良柱、文炤、奇祥兄弟胡家段黄梅潭大谷十一秤十一斤。

二契买程宗渠、良彬韩村、汪村岸心早谷十二秤。

一契买程钫胡家段心大谷八秤。

二契买程云河、良植兄弟黄坑坞口土桥头大谷十二秤。

二契买程宗浙、良杞林村三亩坵大谷十六秤。

一契买程云河宋坑坳上大塘下大谷七秤十三斤，与河，准祠价讫。

一契买程良杞胡家园汪胜住前菜园地一块。

一契买程良杞胡家园汪胜住前左边高低园坦二块。

一契买程钫、宗淳、宗泲三房插坞口汪五乞、汪宝仆基地屋分截，与河准祠价讫。

一契买程宗浙樜坑坞及坞头二处早谷七秤半。

六契买程铲、钱、濴、滮、沩、文祥宅里坞头山骨并在山松竹、杂木。

一契买程宗渠胡家段心大谷二十秤。

一契买程云河宋坑源美儿坞大谷五秤双斤，与河，准祠价讫。

一契买程云河宋坑坳上美儿坞头大谷五秤零三斤。

一契买程云河宅里坞白虎山分截。

一契买程云河石麟堂建竹岩布政祠。

一契买程良李塘坑坞口田塘一备。

一契买程良稷兄弟宅里坞白虎山分截。

一契买程良彝小项坑梭草坞双斤，实租六秤，先年已将八十五斤卖与宗淳，转卖竹岩公讫，此卖三十五斤。

一契买程良李韩村和尚坵大谷六秤十五斤，每秤二十斤称。

一契买程云河宋坑美儿坞明堂弯田塘，计双斤，租四秤，每秤二十二斤称。

一契买程良栩北乂坵坞羊栈山庄后田二号，计租四秤半。

一契买程周祥杨坑寺坞口大谷八秤十斤。

一契买程良楷韩村汪村岸上和尚坵大谷六秤十五斤，每秤二十斤称。

一契买程宗淳西源头大谷三秤半。

一契买程良悦。

一契买程良禾汪村园月山下塘里田一秤半。

一契买程良述胡家段横路下田一秤半。

和溪公遗文

小学、论语二书，乃圣贤建立千万世贤不肖的人情，不过欲人惇笃伦理而已。惇笃伦理，不过在于〔办〕（辨）别义利而已。人能遵而行之，是为君子；违而背之，则为恶人。遵而行之，必获福祉；违而背之，必罹祸患、灾殃。苟心存乎义，其于伦理自无不厚；心而利，如火燃泉达，并无所不至。至于劫夺弑逆之事，亦莫不自此一念利心而生。夫男子之心，本无不善；妇言一入，少有不迁。故欲〔办〕（辨）别义利，当于妇言绝之可也。盖尝观之，利必有害，义无不利，俱有明验。不必远求诸石，姑以主近者言之。且如昂兄、普、昱弟之处兄弟也，建立家产，创治居室，与兄弟均之，事如切身，朝不及夕，何尝要动弟、幼侄齐共出力，亦何尝夸功，讨要便宜。即今后人之繁盛，盖可征已。若夫人各惟知为己，不相体悉，掩取小利，事要便宜，不顾大义，是以至亲骨肉，情义隔离，不相杂繁，至如秦越相视，藏怒宿怨，互相报施，至如仇雠相倾，此乖戾之事，充塞天地，神人共恶，岂不致祸召灾？夫人生如白驹过隙，人身所用几何，所享几时？子孙之成败，俱不系于前人之遗产多寡有无。不必远求其人，观诸我祖、我父、我叔辈，何尝薄于骨肉之情，汲汲于利以经营家产，为子孙之计，而今后人何如。若夫败子败孙，眼中何限。是果其祖父无所遗乎？抑亦其祖父有所遗乎？鉴戒昭然，如此人亦何苦孜孜于利，而甘为恶人以贻祸于后人耶？俗语云：专保水牸牛一脚。此言亦有至理，盖全牛已倒，一脚岂能独支。又如一堆数块之火，丛作一堆，气焰相通，自然难过，如或拨离远隔，气不相通，焰不相聚，岂不媳（熄）哉！各宜思之。

19竹岩公青龙山合同

亲族中人陈招保、程梅龄、程大中、程登瀛、程良科，今因程五十、程钫为宅里坞里外祖坟毗连山界，界边风折松木，告争在县张爷台下。亲族思得二家一脉，劝谕息讼。二家听允，同中到山，三面勘明订界已讫。二家复央中人当官告准和息，回家议行埋石。因时月不利，凭中将界批明，逐一丈量。其风折松木桩过中三尺，〔订〕（钉）楗为界。其泰坟青龙山培丫大松木直上降乙丈三尺〔订〕（钉）楗为界，界内俱系泰业，界外俱系宿业。再杉木一根，泰、宿二家均业界木。再杂柴木一根，泰、宿二家均业界木。又山脚下自泰庇塝外弦直出七尺〔订〕（钉）楗为界，其山脚下楗直上抵杂柴木界，前限界至开明，候冬埋石。后将二家保存合同，眼同缴付，各收为照。

万历十四年六月初六日亲族中人陈招保（号）①

程梅龄（号）、程大中（号）

程登瀛（号）、程良科（号）②

续置产土开其于后：

□20六都程云河，今有承祖买受田塘一备，坐落本都四保，土

---

①“号”指花押，有的誊契簿中也写作“押”。

②从《和溪公遗文》至此，系后人添加文字。

名中村宅里坞。其田塘亩步、四至、字号，自有本保经理可照。其田塘镛与叔等相共，本身该得一半，计租　秤，立契出卖与竹岩公秩下子孙为业，面议时价文银三两五钱整。

隆庆三年四月廿二日立契人程云河

中见人程良楷

21六都程云河，今有承祖水田一号，坐落土名方坑园。其田四至、亩步，自有本保经理可照，计租二十秤，与叔程鏊等相共，本身该得四分中一分，计租五秤，自情愿出卖与竹岩公四分秩下子孙为业，面议时价文银一两六钱整。

隆庆三年闰六月十七日立契人程云河

中见人程良柱

22六都程阿王，今有阄分得水田一号，坐落本都三保，土名社坛前一坵，共计租四十秤，其田新立四至：东至，西至，南至，北至。其田亩步、四至、字号，自有本保经理可照。其田与叔程涞相共，本身阄得一半，计租二十秤，今自情愿将前项四至内田本身该得分葳，计租二十秤，即无存留，尽数立契出卖与竹岩公四大分子孙名下为业，面议时价文银一十四两整。

再批：前田租鸡一只，与叔程涞相共为照。

隆庆四年七月初一日立契人程阿王

奉书男程鹤祥

中见人程　锛

23善和程宗渠，今有买受得塘地一所，坐落布政公铺基屋后，其塘地东至昂、旦二分存路，西至众路，南至铺屋，北至塘砌石弦。今将前项四至内塘地并在上浮屋，尽数立契出卖与竹岩公秩下子孙凑〔面〕（片）为业，面议时价文银七两二钱整。

隆庆六年五月十五日立契人程宗渠

见人程　铕

24善和程阿胡同侄程清、程湜、程涍，原标分塘一所，坐落布政公铺屋后，其塘东至刘墙，西至昂、旦二分存路，南至铺屋，北至塘砌石弦。今将前项四至内塘，尽数立契出卖与布政公秩下子孙凑片为业，面议时价文银五两八钱整。

隆庆六年五月十五日立契人程阿胡同侄程清、湜、涍、良极（书）

见人程铕、见孙良爵

25六都程良柱，今有批受得水田一号，坐落本都四保，土名胡家段末。其田与竹岩公、程铢相共。其田四至、字号，自有本保经理可照。共计租廿四秤，本身四分中合得一分，计租六秤。今将前项四至内田本身该得分籍，尽数立契出卖与竹岩公四分名下为业，面议时价文银五两四钱整。

万历三年六月十八日立契人程良柱

中见人程　锭

26六都程镛，今有买受得水田一号，坐落本都一保，土名汪三坞口大麦坦，成熟田、塘共计七亩零二分五厘，除荒田一亩外，又除谢文灿兄弟七分五厘，新立四至：东至程田及山，西至新塘及山，南至程田，北至汪三坞头菜园地为界。今将前项四至内田并塘，买受分籍共计租五十二秤，尽数立契出卖与竹岩公四大分名下为业，面议时价文银廿六两四钱整。所有程阿汪上手文契一纸，已付出讫。仍有良彝转契，因与别契相连，未曾缴付。批照。上手文契河收，未录。

万历五年七月初一日立契人程镛

奉书儿程洤

见人宗渠、良杞、良极

27善和程云河，今有承祖水田一号，坐落一保，土名杨坑下坳，计田一亩。其田新立四至：东至，西至，南至，北至。前四至内田一亩，租一十秤。内取田六分，租六秤，自情愿将前田出卖与竹岩公分下子孙为业，面议时价文银三两七钱五分整。

准祠价讫。

万历六年六月廿八日立契人程云河

中见人程良科

28善和程良极，今有承父批受水田一号，坐落本都三保，土名赛坞口深坵，计租□秤。其田与铢等相共，本身该得实租五秤半。其田新立四至：东至，西至，南至，北至。今情愿将前项四至内田本身该得分籍，立契出卖与竹岩公秩下子孙为业，面议时价文银三两六钱整。

万历六年六月廿五日立契人程良极

中人程良科

29六都程宗淳，今有买受水田一号，坐落本都三保，土名叶初保住后。其田东至，西至，南至，北至。计田□坵，计租十秤。今自情愿将前项四至内田取租六秤，出卖与竹岩公名下为业，面议时价文银二两四钱整。

万历七年六月廿七日立契程宗淳

中人程　锌

30六都程良彬，今有买受水田一号，坐落五都五保，土名韩村汪村岸心，计田一坵，计租一十二秤，其田东至，西至，南至，北至。其田与错叔相共，本身该得租六秤。今自情愿将前田租六秤，立契出卖与竹岩公四分子孙为业，面议时价文银三两六钱整。

万历七年六月廿七日立契人程良彬

中　人程梅令

31六都程奇祥同弟新祥，今有摽分得水田一号，坐落本都四保，土名胡家段黄梅潭，计田一坵，计租一十五秤零十二斤。其田新立四至：东至田，西至田，南至田，北至田。其田与铢等相共，本身兄弟六分中该得一分，该租二秤一十三斤。今情愿尽数立契出卖与竹岩公名下为业，面议时价文银一两八钱整。

万历七年七月初二日立契人程奇祥、弟新祥

代笔中见叔程良彬

32六都程宗渠，今有水田二号，坐落土名赛坞口深坵，本身该租五秤半；又一号，土名韩村汪村岸心，田一坵，本身该租六秤。其二号田俱与竹岩公相共，其田亩步、四至，自有竹岩公原买二契可照。今自情愿将田本身一十一秤半，尽数立契出卖与竹岩公凑片为业，面议时价文银七两整。

万历八年六月廿九日立契人程宗渠

中见人程道川

33六都程钫，今有买受水田一号，坐落本都四保，土名胡家段心，新立四至：东至五大房田，西至铢田，南至锭田，北至松今田。计田四分二厘，计租八秤。今自情愿将前项四至内租八秤，尽数立契出卖与竹岩公分下为业，面议时价文银七两二钱整。

万历八年六月廿九日立契人程钫
中见人程云河

34六都程良植同弟良柽，今有承祖水田一备，坐落本都四保，土名黄坑坞口土桥头。共计租十八秤。其田新立四至：东至程田，南至程田，西、北至坑。其田与叔祖铢等相共，本身三分中合得一分，计大租六秤。今自情愿将前项四至内田本身兄弟该得租六秤，即无存留，尽数立契出卖与竹岩公四大分名下为业，面议时价文银四两整。

万历八年七月初一日立卖契人程良植同弟程良柽
中见人程良杞

35六都程文炤，原买叔程良植兄弟分籍水田一号，坐落本都四保，土名吴家坦，小土名黄梅坦，共计租一十七秤。其田新立四至：东至，西至，南至，北至。今将前项四至内田本身原买得程良植兄弟二秤四斤半，自情愿凭中立契出卖与同居竹岩公四分子孙名下为业，面议时价文银一两五钱九分整。

万历九年六月廿九日立卖契人程文炤
中人程铣

36六都程良杞，今有承祖买受水田一号，坐落本都三保，土名林村叶初保住前，计田一坵，计租三十二秤。其田新立四至：东至，西至，南至，北至。其田与叔淅、渠、弟彬兄弟相共，本身四分中合得一分，实该租八秤。今自情愿将前项四至内田本身该分租八秤，即无存留，尽数立契出卖与祖竹岩公四大分名下为业，面议时价文银五两六钱整。

万历九年六月廿八日立文契人程良杞
中见人程宗诠

37六都程云河，今有承祖水田一号，坐落五都四保，土名宋坑坳上大塘下，计田一坵，计租一十二秤，双斤每秤廿二斤称，析小斤一十五秤零九斤。其田内取一半，计小斤租七秤一十三斤。其田新立四至：东至，西至，南至，北至。今将前项四至内田七秤乙十三斤，尽数立契出卖与竹岩公四分子孙名下为业，面议时价文银五两四钱五分整。

万历九年六月廿九日立契人程云河

中见人程良楷

38六都程良植同弟程良柽，今有承祖水田一号，坐落本都四保，土名吴家坦，小土名黄梅潭。共计租一十七秤。其田与叔祖程铢等相共，本身三分中合得一分，计该实租五秤十一斤五两。先内取二秤四斤半，卖与同居竹岩公讫，仍该三秤七斤五两。其田新立四至：东至，西至，南至，北至。今将前项四至内田租本身兄弟仍该实租三秤七斤五两，今内取一秤七斤五两，出卖与同居程良柱名下为业，面议时价文银一两整。

万历九年七月十六日立契人程良植

同弟程良柽

中见人程文灿

程良柱今将前契内田，照价转卖与竹岩公四大分名下为业，其价收讫。本年八月初一日程良柱（号）。

39六都程天与，今有承祖菜园地一块，坐落本都汪胜住基前坦，其地新立四至：东至汪胜住基，西至程锭等坦，南至程济坦，北至路。今将前项四至内坦，尽数立契出卖与同都程　　名下为业，面议时价文银六钱整。

嘉靖四十五年五月初九日立卖契人程天与

中见人程天保

林保兴

程良杞今将前契内地转卖与竹岩公名下，其价三钱收讫，此照。

万历九年十月初七日程良杞（号）

40六都程外得、程玄赐、玄锡、存保、大义等，今有承祖管业荒坦二块，坐落本都四保，土名胡家园汪胜住前左边，其坦高低二块相连。其坦新立四至：东至汪胜住基，西至众地，南至路，北至天与坦。今将前项四至内坦二块，尽数立契出卖与同居程良杞名下为业，面议时价文银六钱整。

嘉靖四十二年十二月初二日立契人程外得、

程玄赐、程玄锡、

程存保、程大义

中见人林兴保

程良杞今将前契田地坦转卖与竹岩公名下，其价三钱收足。

万历九年十月初十日立契人程良杞（号）

41六都程浙①，今有摽分得水田一号，坐落本都二保，土名林村三亩坵，其田与竹岩公、胡世美相共，本身该得四分中合得一分，该田五分五厘，该租八秤。其田新立四至：东至，西至，南至，北至。今情愿将前项四至内田本身该得四股一股，该租八秤，尽数立契出卖与竹岩公秩下子孙为业，面议时价文银三两六钱整。

万历九年十月廿六日立契人程　浙

奉书男程良楷

中见人程宗舜

---

①程浙，即族谱中程宗浙。

42六都程宗泮，今买受得水田一号，坐落本都四保，土名胡家坦黄梅潭，共计租一十七秤有零，本身买良植兄弟实租二秤，其田与竹岩公等相共。其田亩步、四至，自有丈量号数。自情愿将前租二秤，出卖与竹岩公分下子孙为业，即无存留，面议时价文银一两四钱整。

万历十年六月廿四日立契人程宗泮

中见人程兆应

六都程宗诠（下缺）

43程钫、程宗淳、宗浄三房人等，共有买受得仆基地屋一备，坐落本都四保，土名插坞口，汪五乞、汪宝现住屋地，四至、字号、亩步，自有新丈册、老契可查。今自情愿将前屋地买受该得分籍，尽数立契出卖与竹岩公四大分共业，当得受原价文银一两一钱整。

万历十年七月初二日立契人程钫、宗淳、

宗浄、达髦

中见人程仙

44六都程宗浙，今有摽分得水田二号，俱坐落五都四保，土名榧坑坞。内一号，榧坑坞头，小土名土塘坞田一坵，计租六秤；又一号，榧坑坞田一坵，计租三秤。与弟淳相共，本身该得[illegible]秤半。其前二号田共计租七秤半。亩步自有新丈数目可查。今情愿将前项二号田租七秤半，尽数立契出卖与竹岩公四分共业，面议时价文银四两六钱整。

万历十年七月初八日立契人程宗浙

奉书男程良楷

中人程宗潓

45六都程宗沩，今有承祖摽分得山一备，坐落本都三保，土名中村宅里坞。其山四至：里至湾心直下，外至小塘山嘴王坟，随陇直上至降，上至降，下至坦。其山与叔铁等相共，本身六股中合得一股。今自情愿将前项四至内山骨并在山松竹杂木，本身该得六股一股，即无存留，尽数立契出卖与泰公秩下子孙为业，面议时价文银六钱整。

万历十一年三月廿八日立契人程宗沩

中见人程　钫

46六都程文祥，今有承祖摽分得山一备，坐落本都三保，土名中村宅里坞。其山四至：里至湾心直下，外至小塘山嘴王坟，随陇直上至降，上降下坦。其山与铁等相共，本身六股中合得一股。今自情愿将前项四至内山骨并在山竹木杂〔本〕(木)，本身该得分截，尽数立契出卖与泰公秩下子孙为业，面议时价文银　　整。

万历十一年六月廿九日立契人程文祥

中见人程钻

47六都程云河，今有买受得水田一号，坐落本都四保，土名土桥头。其田与铢等相共，本身该租六秤。其田四至、亩步、字号，自有丈册可照。今将前项四至内田该分截租六秤，尽数立契，即无存留，出卖与侄程鹤祥名下为业，面议时价文银三两二钱整。

万历十年十二月廿七日立契人程云河

中见人程良楷

程良柱

其前田照依原价凭中转卖与竹岩公四大分名下为业，此照。

万历十一年五月初一日程鹤祥批

中见人程锭

48六都程云河，今有承祖水田一号，坐落五都四保，土名宋坑源美儿坞。其田新立四至：上至竹岩公及彭寿田，下至大、塘，两边至山。其田四至内，取双斤大租五秤，尽数立契出卖与侄良柱名下为业，面议时价文银四两三钱整。再批：本家所开新田，水路在前田内过，日后毋得阻〔当〕（挡）。河批。

万历十年十二月廿八日立契人程云河

中见人程楷、程滮

万历十一年六月初六日，良柱将前田照价转卖与竹岩公四大分名下为业讫。良柱批。中见人程楷。

49六都程云河，今有承祖水田一号，坐落五都四保，土名宋坑坳上美儿坞头，又美儿坞应田塘一眼。其田新立四至：东、西至山，南、北至塘。其四至内田五分半，计双斤租四秤，折小斤五秤三斤。自情愿将前项四至田并应田小塘，尽数立契，即无存留，出卖与竹岩公四大分为业，面议时价文银三两二钱整。

万历十一年六月廿九日立契人程云河

中见人程良楷

50六都程滮，今有承祖得摽分山一号，坐落本都三保，土名中村宅里坞头。其山四至：东至弯心直下，外至小塘山嘴王坟，随陇直上至降，上至降，下至坦。其山与叔铧、钱等相共，本身六股中合得一股。今自情愿将前项四至内山骨并在山松竹杂木，本身该得分截，即无存留，尽数立契出卖与泰公秩下子孙名下为业，面议时价文银　　整。

万历十一年七月初二日立契人程滮

中见人程锜

51六都程锛，今将承祖摽分山一号，坐落本都三保，土名中村宅里坞。其山新立四至：里至坞头弯心直上至降，外至应田小塘嘴王坟直上至降，上至降，下至地。其山与弟钱、侄橥等相共，本身六分中合得一分。今自情愿将前四至内山骨本身六分中合得一分，立契出卖与竹岩公秩下子孙为业，面议时价文银　　整。

万历十一年七月初十日立卖契人程锛

中见人程锜

52六都程宗渠，今有承祖摽分得水田一号，坐落本都四保，土名胡家坦心，系八百九十四号，计二百一十四步三分，计租二十秤。其田四至，自有丈册可照。今自情愿将前四至内田，尽数立契出卖与竹岩公四大分名下为业，面议时价文银一十六两整。

万历十二年六月廿四日立契人程宗渠

中见人程良极、程良楷

53六都程爱，今有承祖阄分得山一号，坐落本都三保，土名宅里坞。其山新立四至：里至坞头弯心，外至塘嘴直上至降，上降，下坦。其山与竹岩公及钱叔相共，本身六分中合得一分。今将前项四至内山骨并在山竹〔本〕（木）等项本身该得分截，即无分毫存留，尽数立契出卖与竹岩公四分名下为业，凭中面议时价文银六钱整。

万历十三年六月廿二日立契人程爱

中见弟程兆应

54六都程钱，今有承祖摽分山一号，坐落本都三保，土名中村宅里坞。其山新立四至：里至弯心，外至小塘山嘴直上至降，上至降，下至坦。其山与竹岩公相共，本身六分中合得一分，今情愿将前山骨并在山竹松杂木，尽数立契，即无存留，出卖与竹岩公四大分凑片为业，面议时价文银六钱整。

万历十三年六月廿四日立契人程钱

中见代书侄程淮

55善和程云河，今有承祖基地一备，坐落本都四保，土名善和村中。其地新立四至：东至本屋左边方石礤弦出四寸为界，西至屋内原存路，南至屋前路，北至程涍相共墙心及众路，共计实地四十乙步六分六厘。又本家屋前西南角地一小块，东、北至路，西至渠地，南至程策地，共计实地二步四分三厘二毫。又本家屋前路地一条，东至本家地，西至路，南至良贵地，北至本屋墙，共计路地三步六分八厘，本身内存一步七分二厘不卖，俱画图式在后。今自情愿将前项十二至内地并路及在上厅屋楼房、四围砖墙、砖门、门扇，上瓦片，下明堂及石礤等项，本家止存屋前路地一步七分二厘不卖外，其余共计实地四十六步，即无存留，尽数立契出卖与竹岩公秩下四大分名下建祠为业，面议时价文银一百三十两整。

万历十三年七月初二日立卖契人程云河

中见人程良楷、程良柱、程良贵、程宗淳

见男程良楹

方石磉外弦出四寸为界

东六步九分九厘

北六步五分四厘

乘实地四十一步六分六厘

南六步五分四厘

西六步九分九厘

原存屋内路一条计阔三尺

长四步六分
乘实地路三步六分
一步七分二厘不支

庚寅年正月十六日
新丈乘地四十五步八分二厘五
又门前路地乙步八分八
又西南角地二步四分三厘
改换入在直路内
其地五十步零一分三厘五

东一步九分
乘实地二步
四分三厘
西一步九分

56众立合同

立合同人程钫、程浙、程涍、程云河四大房人等，今为竹岩公新祠内西边，原存路一条，东至本祠地，西至墙外浙、渠己地为界，南至祠外曲角路，抵程策里墙头为界，北至本祠外竹岩公己路，原系程锐、程镔、程锽、程录、程铨、程济、程澜共存通行。钟、镛、钫及浙、渠无分。今因路在祠内西边，锐、镔、锽、录、铨、济、澜子孙，将路议作文银一十二两助祠，钟、镛、钫分照股应算出银四两，浙、渠亦照股应算出银二两助祠，四房均平，日后俱系竹岩公祠地，四房均业，其现门、路仍存，听竹岩公子孙通行往来，各房永无异议。今恐无凭，立此合同文书，一样四纸，各收一纸为照。

合同

万历十三年七月初二日立合同人程钫、程浙、程涍、程河、程渠、程淳、程淦、程洴、程杞、程极、程彬、程柱、程栻、程贵、程彝、程爵、程桔、程柽、程稷、程奇祥

57秩下子孙程良李，今有承祖水田、塘三号，坐落本都二保，土名塘坑坞口。一坵新丈一百三十五号，丈得田一百九十五步五分。又一坵一百三十九号，丈得田三百三十九步五分。二号田共租三十六秤，本身该得实租一十二秤。又新丈九十号小塘，本身分得四十步零二分五厘。今自情愿将前田、塘本身该得分截，即无存留，尽数立契出卖与竹岩公四大分名下为业，面议时价文银五两八钱整。

万历十九年十二月二十九日

立卖契人程良李

中见兄程良楷、程良述

58秩下子孙良稷、良述、良谋、良士，共有承祖并买受山一备，坐落中村宅里坞布政公坟白虎山，本身兄弟承祖分该六股一股。又买得良彦兄弟一股，本身兄弟共该得三股一股。今自情愿将承祖并买受山，尽数立契出卖与布政公名下为业，面议时价文银　　整。

外千斤凳一对，亦卖在祠内。

万历二十二年六月廿五日

立卖契人良稷、良述、良谋、良士

中见人良柱、良李

59秩下良彝，今有承祖买受得水田一号，坐落本都一保，土名小项坑梭草坞，计田二坵，与方宁相共，本身买得实租六秤，每秤廿斤净称。其田新立四至：东至，西至，南至，北至。亩步、字号，自有本保经理可照。除先年将八十五斤卖与叔宗淳转与竹岩公讫，仍实租三十五斤。今自情愿出卖与竹岩公凑业，面议时价文银一两五钱整。

万历廿二年十月十四日立契程良彝

中见程良臣

60秩下孙程良李，今有承父摽分得水田一号，坐落五都韩村上和尚坵，系新丈　字十号，丈得田二百二十步零八分，计田一坵，计实租十三秤半，每秤二十斤。其田四至：东至，西至，南至，北至。其田与兄楷对半相共，本身该得一半，计双斤租六秤十五斤。今自情愿将前田，即无存留，尽数立契出卖与祖竹岩公四大分名下为业，面议时价文银四两一钱整。

再批：其田每年该鸡半只，本身该得一半。

万历廿二年十一月初六日立契人程良李
中见人程良稷

61秩下程云河，今有竹岩公原将五都四保土名宋坑美儿坞明堂弯田塘一号，计新丈一百零三号，田塘共一百六十五步五分，计租四秤，双斤，每秤二十斤称，出与云河，以准祠价讫。今云河自情愿将前田塘，尽数立契退转卖与竹岩公名下为业，即无存留分毫，赏得文银二两九钱五分整。

万历二十三年七月初一日立卖契人程云河
中见人程良楷

62善和程良桐，今有承母批受水田二号，坐落本都五保，土名北乂坞，小土名羊栈山庄后，系　字五百四十二号，计田八十七步六分五厘。又五百四十九号，计田五十步，计田三坵，计租四秤八斤八两。其田四至自有丈册可照。今自情愿将二号田租四秤半，尽数立契出卖与竹岩公分下四房为业，面议时价文银二两一钱五分整。

万历廿四年六月廿九日立卖契人程良桐
主盟母程阿陈
见兄良彦、中见伯宗淳

63善和程周祥，今有摽分得水田一号，坐落本都三保，土名杨坑寺坞口，系新丈辰字一千八十九号，计一百八十七步九分，计田一坵，计实租八秤十斤。其田四至、字号，自有清丈文册可照。今自情愿将前田尽数立契出卖与竹岩公四分名下为业，面议时价文银四两二钱整。

万历廿五年六月十五日立契人程周祥
中见人程拱、程贵

64秩下程良楷，今有摽分并买受水田一号，坐落土名汪村岸上和尚坵，系新丈十号，计田二百二十八步八分，计租双斤十三秤十斤。其田与竹岩公相共，本身该租一半，计丈步一百一十四步四分，计租六秤十五斤。今自情愿出卖与竹岩公四大分名下凑片为业，面议时价文银四两一钱整。

再批：租鸡分截亦卖契内，此照。

万历廿五年七月初一日立契人程良楷

中见人程良贵

65善和程宗淳，今有承祖水田一号，坐落本都五保，土名西源头。共计租一百八十秤，与弟淦、藩、侄稷等相共，本身六分中合得一分。其田亩步、字号、四至，自有新丈册可证。今将本身分截内，取实大租三秤半，出卖与竹岩公名下为业，面议时价文银一两七钱整。

万历廿五年七月初一日立契人程宗淳

中见人程云河

66秩下孙程良禾，今有承父摽分得水田一号，坐落本都四保，土名汪村园月山下塘里，田一坵，共计租一十八秤。新立四至：东至月山坦畔，西至众坦及路，南至路，北至畔。其田字号、亩步，自有丈册可照。其田与�等众相共，本身十二分中合得一分，该实租一秤半。今自情愿将本身该得田一秤半，立契出卖与竹岩公四房为业，面议时价文银七钱五分整。

万历廿七年六月初八日立契秩下子孙程良禾

中见人程河、程良彬

67秩下程良述，今有阄分得水田一号，坐落本都四保，土名胡家坦横路下，共计租三秤半，田一坵。其田亩步、四至，自有新丈册可照。其田与弟相共。内取实租一秤半，出卖与竹岩公收租为业，面议时价文银八钱五分整。

万历廿七年十二月二十日立契人程良述

中见人程良禾

68秩下孙程圣髦，今有承父摽分得水田三号，内乙号，三保，土名傍云山下，田乙坵，计大租一十二秤，其田四至：东至，西至，南至，北至。内二号，三保，土名张家坦，田乙坵，计旱租八秤，其田四至：东至，西至，南至，北至。内三号，三保，土名江项坑塘里，计大租四秤，其田四至：东至，西至，南至，北至。其前项三号十二至内田，字号、四至、亩步，新丈文册可照。今自情愿将前项三号田共租二十四秤，即无分自有毫存留，尽数立契出卖与布政公四大分名下为业，面议时价文银一十一两整。

万历廿六年五月初八日立卖契人程圣髦

中见人程良李

69六都叶积旺、积善、天寿、兆乞，共佃到布政老爷四房名下五都、六都汪村岸山一号，高舟山山乙号，枫树底山乙号，又方家背后坞菜园地一块，又方家屋厥头菜园地一块，又枫树底菜园地共三块，前去栽养、锄种，其山长养松杉竹木，日后长大，听主发卖，本身兄弟毋敢私自盗砍。如违，听从理治、赔还，立此为照。

万历十四年七月廿四日立佃约人叶积善、积旺、天寿、兆乞

附表

《布政公誊契簿》中买田土契表

立契时间	地点			卖田人	契首	契尾	田土	买田人	与卖田	卖田	田土面积						价额		租额		备注
	县	都	图保	姓名	称谓	称谓	来源	姓名	人关系	原因	亩	分	厘	毫	系	忽					
正统14.11.2.		六		吴祖兴		立契人	坟山	程泰	同都								白银一两				
景泰1.2.8.		六		程本坚等		出契人	祖产空闲荒山	方永亨	五都人								煎银七两				照价转卖与六都程泰。
景泰2.4.4.		六		程本坚		出卖人	山	程新春	同都		2						白银一两七钱半，谷一七五斤				窦山公誊契簿上有此抄白。
景泰3.6.7.		六		程本兴		立契人	山	程泰	同都		4						白银三两五钱谷三五〇斤				
成化6.10.6.		六		程新文等		立契人	祖户荒地	程泰	同都			5					白银二钱				
成化7.9.29.		六		张汝清等		立契人	地	程泰	同都			9					纹银一两六钱				

续上表

买田土契表

立契时间	地点 县	地点 都	地点 图保	卖田人姓名	契首称谓	契尾称谓	田土来源	买田人姓名	与卖田人关系	卖田原因	田土面积 亩	分	厘	毫	系	忽	价额	佃人姓名	租额	契别	备注
成化9.4.9.		六		程永安等		立契人	祖户荒地	程泰	同都			5					白银二钱				
成化9.10.2		六		程本隆等		立契人	祖产荒塘并四囤山脚地	程泰	同都	无钱用度		5					纹银六钱				
成化10.11.22.		六		程旭		立卖契人	父原买地	程泰	同都			4					白银一两六钱				
成化10.12.15.		六		张昶		立契人	自买地	程泰	同都			3	3	3			白银一两				
成化13.7.11		六		郑社童等		立契人	父买荒熟田塘	程泰	同都								白银三两八钱				
成化18.3.16.		十四		李仁等		立契人	田、基地、屋、菜园、竹山、	程昂、旦、杲、昌四人		四弟李达病卒无子	20	1	2	6			白银四七〇两				

续上表

买田土契表

立契时间	地点			卖田人	契首	契尾	田土	买田人	与卖田	卖田	田土面积						价额	佃人	租额	契别	备注
	县	都	图保	姓名	称谓	称谓	来源	姓名	人关系	原因	亩	分	厘	毫	系	忽		姓名			
弘治5.1.20.		五		方 伦		立契人	自住基地	程 泰				2					白银五两五钱				
隆庆3.4.22.		六		程云河		立契人	承祖买受田塘	竹岩公秩下子孙									纹银三两五钱				
隆庆3.闰6.17.		六		程云河		立契人	承祖水田	竹岩公四分秩下子孙									纹银一两六钱		五秤		
隆庆4.7.1.		六		程阿王		立契人	阄分水田	竹岩公四分秩下子孙									纹银十四两		二十秤		
隆庆6.5.15.		善和		程宗渠		立契人	买受得塘地	竹岩公四分秩下子孙		给竹岩公子孙凑业							纹银七两二钱				
隆庆6.5.15.		善和		程阿胡等		立契人	摽分塘	布政公秩下子孙		与布政公子孙凑片为业							纹银五两八钱				

续上表

买田土契表

立契时间	地点			卖田人	契首	契尾	田土	买田人	与卖田	卖田	田土面积						价额	佃人	租额	契别	备注
	县	都	图保	姓名	谓称	称谓	来源	姓名	人关系	原因	亩	分	厘	毫	系	忽		姓名			
万历3.6.18.		六		程良柱		立契人	批受水田	竹岩公四分名下									纹银五两四钱		六秤		
万历5.7.1.		六		程　镛		立文契人	买受水田	竹岩公四大分									纹银二十六两四钱		五十二秤		
万历6.6.28.		善和		程云河		立契人	承祖水田	竹岩公分下子孙				6					纹银三两七钱五分		六秤		
万历6.6.25.		善和		程良极		立契人	承父批受水田	竹岩公秩下子孙									纹银三两六钱		五秤半		
万历7.6.27.		六		程宗淳		立契	买受水田	竹岩公名下									纹银二两四钱		六秤		
万历7.6.27.		六		程良彬		立契人	买受水田	竹岩公四分子孙									纹银三两六钱		六秤		

续上表

买田土契表

立契时间	地点			买田人	契首	契尾	田土	买田人	与卖田	卖田	田土面积						价额	佃人姓名	租额	契别	备注
	县	都	图保	姓名	称谓	称谓	来源	姓名	人关系	原因	亩	分	厘	毫	系	忽					
万历7.7.2.		六		程奇祥等		立契人	摽分水田	竹岩公名下									纹银一两八钱		二秤三十斤		
万历8.6.29.		六		程宗渠		立契人	水田	竹岩公		与竹岩公凑片为业							纹银七两		十一秤半		
万历8.6.29.		六		程　钫		立契人	买受水田	竹岩公分下				4	2				纹银七两二钱		八秤		
万历8.7.1.		六		程良植等		立卖契人	承祖水田	竹岩公四大分									纹银四两		六秤		
万历9.6.29.		六		程文炤		立卖契人	买叔程良植兄弟分籍水田	竹岩公四大分									纹银一两五钱九分		二秤四斤半		
万历9.6.28.		六		程良杞		立文契人	承祖买受水田	竹岩公四大分									纹银五两六钱		八秤		
万历9.6.29.		六		程云河		立契人	承祖水田	竹岩公四大分子孙									纹钱五两四钱五分		七秤十三斤		

续上表

买田土契表

立契时间	地点			卖田人	契首	契尾	田土	买田人	与卖田	卖田	田土面积						价额	佃人	租额	契别	备注
	县	都	图保	姓名	称谓	称谓	来源	姓名	人关系	原因	亩	分	厘	毫	系	忽		姓名			
万历9.7.16.		六		程良植等		立契人	承祖水田	程良柱	同居								纹银一两		三秤七斤五两		照价转卖与竹岩公四大分名下
嘉靖45.5.9.		六		程天与		立卖契人	承祖菜园地	程良杞	同都								纹银六钱				万历9.10.7.转卖与竹岩公名下，价三钱。
嘉靖42.12.2.		六		程外得等		立契人	承祖荒坦	程良杞	同居								纹银六钱				万历9.10.10.转卖与竹岩公名下，价三钱。
万历9.10.26.		六		程浙		立契人	标分水田	竹岩公秩下子孙									纹银三两六钱		八秤		
万历10.6.24.		六		程宗泮		立契人	买受水田	竹岩公分下子孙									纹银一两四钱		二秤		
万历10.7.2.				程钫等		立契人	买受仆基地屋	竹岩公四大分									纹银一两一钱				

续上表

买田土契表

立契时间	地点			卖田人	契首	契尾	田土	买田人	与卖田	卖田	田土面积						价额	佃人	租额	契别	备注
	县	都	图保	姓名	称谓	称谓	来源	姓名	人关系	原因	亩	分	厘	毫	系	忽		姓名			
万历10.7.8.		六		程宗淅		立契人	摽分水田	竹岩公四分									纹银四两六钱		七秤半		
万历11.3.28.		六		程宗沩		立契人	承祖摽分山	泰公秩下子孙									纹银六钱				
万历11.6.29.		六		程文祥		立契人	承祖摽分山	泰公秩下子孙													
万历10.12.27.		六		程云河		立契人	买受水田	程鹤祥	侄								纹银三两二钱		六秤		万历11.5.1转卖与竹岩公四大分。
万历10.12.28.		六		程云河		立契人	承祖水田	程良柱	侄								纹银四两三钱		双斤大租五秤		万历11.6.6.原价转卖与竹岩公四大分。
万历11.6.29.		六		程云河		立契人	承祖水田	竹岩公四大分									纹银三两二钱		双斤租四秤，折小斤五秤三斤		

续上表

买田土契表

立契时面	地点			卖田人	契首	契尾	田土	买田人	与卖田	卖田	田土面积						价额	佃人	租额	契别	备注
	县	都	图保	姓名	称谓	称谓	来源	姓名	人关系	原因	亩	分	厘	毫	系	忽		姓名			
万历11.7.2.		六		程滤		立契人	承祖摽分山	泰公秩下子孙													
万历11.7.10.		六		程铧		立卖契人	承祖摽分山	竹岩公秩下子孙													
万历12.6.24.		六		程宗渠		立契人	承祖摽分水田	竹岩公秩下子孙									纹银十六两		二十秤		
万历13.6.22.		六		程爱		立契人	承祖阄分山	竹岩公四分									纹银六钱				
万历13.6.24.		六		程钱		立契人	承祖摽分山	竹岩公四大分									纹银六钱				与竹岩公凑片为业
万历13.7.2.		善和		程云河		立卖契人	承祖基地	竹岩公四大分									纹银一三〇两				
万历19.12.29.				程良李	秩下子孙	立卖契人	承祖水田塘	竹岩公四大分	卖主系竹岩公秩下子孙								纹银五两八钱				

续上表

买田土契表

立契时间	地点				卖田人姓名	契首称谓	契尾称谓	田土来源	买田人延名	与卖田人关系	卖田原因	田土面积						价额	佃人姓名	租额	契别	备注
	类	都	图	保								亩	分	厘	毫	系	忽					
万历22.6.25.					程良稷等	秩下子孙	立卖契人	承祖并买受山	布政公名下	卖主系秩下子孙												
万历22.10.14.					程良彝	秩下	立契	承祖并买受水田	竹岩公	卖主系秩下子孙								纹银一两五钱				与竹岩公凑业
万历22.11.6.					程良李	秩下孙	立契人	承父摽分水田	竹岩公四大分	卖主系秩下子孙								纹银四两一钱		双斤租六秤十五斤		其田每年该鸡半只，本身该得一半
万历23.7.1.					程云河	秩下	立卖契人	竹岩公田塘，准祠价卖与程云河	竹岩公	卖主系秩下子孙								纹银二两九钱五分		双斤四秤每秤二十斤		
万历24.6.29.		善和			程良枫		立卖契人	承母批受水田	竹岩公四房									纹银二两一钱五分		四秤半		主盟母程阿陈署押。
万历25.6.15.		善和			程周祥		立契人	摽分水田	竹岩公四分									纹银四两二钱		八秤十斤		

续上表

买田土契表

立契时间	地点			卖田人	契首	契尾	田土	买田人	与卖田	卖田	田土面积						价额	佃人	租额	契别	备注
	县	都	图保	姓名	称谓	称谓	来源	姓名	人关系	原因	亩	分	厘	毫	系	忽		姓名			
万历25.7.1.				程良楷	秩下	立契人	摽分并买受水田	竹岩公四大分	秩下子孙								纹银四两一钱		双斤租六秤十五斤		租鸡分截亦卖契内
万历25.7.1.		善和		程宗淳		立契人	承祖水田	竹岩公									纹银一两七钱		大租三秤半		
万历27.6.8.				程良禾	秩下	立契秩下子孙	承父摽分水田	竹岩公四房	秩下子孙								纹银七钱五分		一秤半		
万历27.12.20.				程良述	秩下	立契人	阄分水田	竹岩公	秩下子孙								纹银八钱五分		一秤半		
万历26.5.8.				程圣毫	秩下孙	立卖契人	承父摽分水田	布政公四大分	秩下子孙								纹银十一两		二十四秤		

责任编辑：黄勤堂
封面设计：宋子龙

窦山公家议校注
周绍泉　赵亚光
*
黄山书社出版
（合肥市金寨路283号）
新华书店经销　　芜湖新华印刷厂印刷
开本：850×1168　1/32　　印张：10.625　　字数：250000
1993年9月第1版　　1993年9月第1次印刷
印数：00 001—1000
ISBN7—80535—258—5/K·75
定价：5.95元

《安徽古籍叢書萃編》書目

定本莊子故
康輶紀行　東槎紀略
北山樓集
疑庵詩
方望溪遺集
識小録　寸陰叢録
東萊詩詞集
明太祖集
王侍郎奏議
朱楓林集
敬孚類稿
施愚山集（全四册）
吴敬梓吴烺詩文合集
張孝祥詞箋校
竇山公家議校注
翠微南征録北征録合集
阮大鋮戲曲四種
老子注三種

杜詩説
朱書集
論語解注合編
郭祥正集
皖人詩話八種
績學堂詩文鈔
唐詩評三種（上下）
鈍齋詩選
老子注譯
莊子詮詁
説文假借義證（全五册）
劉銘傳文集
包世臣全集（全三册）
田間易學
莊屈合詁
田間詩集
田間文集
古事比（上下）
安徽出土金文訂補

道聽途説
蘭茗館外史
青泥蓮花記
秋崖詩詞校注
舌華録
明語林
夜雨秋燈録（上下）
包拯集校注
毛詩後箋（上中下）
壹齋集（上下）
孟子講義
楊仁山全集
不得已（附二種）
歙事閒譚（上下）
惜抱軒詩集訓纂
張孝祥詩文集
吴汝綸全集（全六册）
青溪集
藏山閣集

田間詩學（上下）
俞正燮全集（全三册）
皖人戲曲選刊　鄭之珍卷
詠懷堂詩集
所知録
文選箋證（上下）
七頌堂集
程瑶田全集（全四册）